AI 챗봇과
한국어 말하기 교육

AI문고

인공지능 시대입니다. 기계가 인간의 인지를 대신하고, 사물이 인간을 통하지 않고 다른 사물과 직접 커뮤니케이션합니다. 이에 따른 인간 삶과 문명 변화를 정확히 이해·예측·대응하는 것은 이 시대 우리 모두의 과제입니다. AI문고는 인공지능 기술과 환경의 여러 주제를 10가지 키워드로 정리합니다. 관련 개념과 이론, 학계와 산업계의 쟁점, 우리 일상의 변화를 다룹니다. 인간과 기술의 현재, 미래를 세심히 분석합니다.

일러두기

- 인명, 작품명, 저서명, 개념어 등은 한글과 함께 괄호 안에 해당 국가의 원어를 병기했습니다.
- 외래어 표기는 현행 어문규정의 외래어표기법을 따랐습니다.

처음이세요?

전문가세요?

AI 챗봇과 한국어 말하기 교육

서지혜

대한민국, 서울, 커뮤니케이션북스, 2025

AI 챗봇과 한국어 말하기 교육

지은이 서지혜
펴낸이 박영률

초판 1쇄 펴낸날 2025년 12월 9일

커뮤니케이션북스(주)
출판 등록 2007년 8월 17일 제313-2007-000166호
02880 서울시 성북구 성북로 5-11
전화(02) 7474 001, 팩스(02) 736 5047
commbooks@commbooks.com
www.commbooks.com

ISBN 979-11-430-1184-8 03500

책값은 뒤표지에 표시되어 있습니다.

차례

변화의 바람이 부는 한국어 교육

요즘 교육계는 에듀테크(EdTech, Education Technology)에 관한 연구가 한창이다. 연구자들은 에듀테크 환경이 널리 조성될수록 학습자의 창의력과 자율성을 높일 수 있고, 이러한 환경 조성이 미래형 인재를 성장시키는 역할을 한다고 말한다. 인공지능 기술을 활용하여 학습자들의 학습 능력과 성향에 맞게 콘텐츠를 제공하여 효과적인 학습을 돕고 학습자들이 스스로 문제를 해결할 수 있는 능력도 강화시킬 수 있기 때문이다(박정일, 2023).

에듀테크로 인해 한국어 교육에도 많은 변화가 일고 있다. 최첨단 기술이 적용된 학습 도구로 한국어를 배우는 학습자들의 모습이 이제 낯설지 않다. 또한 한국어 교육 전문가들이 인공지능 기술을 활용한 자동 평가 시스템 구축, 교육의 질 향상 등에 대해 연구하고 고민하는 모습은 흔한 풍경이 되었다.

이러한 가운데 한국의 경제 성장과 한류의 영향으로 한국어를 배우고자 하는 학습자들이 전 세계적으로 증가 추세를 보이고 있다. 소셜 미디어(Social Media)의 발달로 이제는 한국어 학습 콘텐츠를 자신의 나라에서 접하는 학습자들도 증가하고 있어 많은 구독자를 보유한 한국어 학습 콘텐츠들도 늘고 있다. 한국어 학습에 대한 수요가 늘면서 한국어 교육학계에는 시대의 흐름을 반영하여 더욱 발전해 나가야 한다는 막중한 과제가 부여되었다. 앞으로 한국어 교육이 진화된 교육 환경을 구축하는 데 한국어 교육 전문가들 및 각 대학 기관과 정부의 노력이 필요할 것이다. 한국어 교육이 최첨단 기술을 기반으로 하여 한국어 교육 역사의 새로운 장을 쓰는 데 이 책이 작은 디딤돌이 되기를 기대해 본다.

한국어 교육 성장의 발자취

한국어 교육학은 1959년 연세대학교 한국어학당이 설립되면서 시작되었다. 초창기에는 한국어 교육에 대한 수요가 많지 않아서 발전이 미미했으나 한국의 경제가 급속도로 성장하고 한류가 전 세계적으로 인기를 끌면서 한국어 학습자는 과거와 비교할 수 없을 정도로 증가하게 되었다. 이와 함께 한국어 교육학 또한 양적 · 질적 연구가 활발히 이루어지면서 하나의 학문으로 위상을 확립하고 저변을 확대해 나가고 있다.

1985년에는 첫 한국어 교육 관련 학술 단체가 창립되었으며, 이를 시작으로 여러 학술 단체들이 생겨나 한국어 교육 연구가 활발하게 이루어지기 시작했다. 1997년에는 정규 교육 기관에 '외국어로서의 한국어 교육 전공'이 첫 출범을 하였고, 2003년에는 한국연구재단의 학문 분야에 '한국어 교육학'이 등재되면서 정시 학문 분야로서의 위상을 확립했다(강현화 외, 2023).

그뿐만 아니라 언어 교육이 청각 구두 교수법에서 의사소통 교수법으로 변화하면서 한국어 교육도 이 흐름에 맞춰 1980년대 후반부터 2000년대에 이르기까지 수많은 연구와 학습 도구 및 교재 개발이 이루어졌다. 이에 한국어 교육은 큰 발전을 거듭하게 되었다.

2000년대 이후로는 드라마와 케이팝의 세계적 인기의 영향으로 한국어 교육 수요가 더욱 급증하였으며, 이에 따라 다양한 매체를 활용한 한국어 교육 연구가 활발해졌다. 또한 4차 산업 혁명의 도래와 함께 인공지능, 메타버스(Metaverse) 등의 첨단 과학 기술이 적용된 교수·학습 자료 개발 및 연구가 끊임없이 진행되고 있다. 코로나19 바이러스 감염증으로 비대면 교육이 활성화됨에 따라 온라인 한국어 교육에 대한 연구도 가속화되고 있다. 이에 발맞춰 국가 차원에서도 한국어 교육의 발전을 위해 다양한 사업이 활발히 전개되며 한국어의 세계화를 위해 노력하고 있다.

학습자 중심의 교육을 향해

한국어 교육은 눈에 띄는 성장을 지속하고 있다. 한국교육개발원의 자료에 따르면 국내 외국인 유학생의 수는 계속 증가하여 2018년부터는 약 20만 명을 넘었다. 코로나19 감염증으로 인해 2020년과 2021년에는 살짝 감소 추세를 보였지만, 2022년부터는 다시 회복하여 증가하는 추세다(지표누리 e-나라지표). 전 세계 각지에서 운영하고 있는 한국문화원인 세종학당도 2007년에 3개국 13곳에서 740명으로 시작했지만 2024년 현재 88개국 256곳에서 21만 6000명을 교육하는 곳으로 성장했다(윤수경, 2024). 이에 따라 한국어 교육에 대한 연구도 활발히 이루어지고 교육 기관 또한 증가하게 되었다.

최근 들어서는 4차 산업혁명의 도래라는 시대적 흐름에 발맞춰 한국어 교육계에도 또 한 번 변화의 바람이 불고 있다. 인공지능을 비롯하여 메타버스, 증강 현실(AR, Augmented Reality), 가상 현실(VR, Virtual Reality) 등의 최첨단 과학 기술들이 적용된 학습 도구들이 개발되고 있으며, 연구의 방향도 기존의 교사 중심 수업에서 학습자 중심의 수업으로 바뀌고 있다.

4차 산업혁명 시대는 의사소통 능력, 협업 능력, 비판적 사고 능력, 창의력 등의 핵심 역량을 갖춘 인재가 요구되는 시대다. 이러한 역량을 갖춘 인재를 길러 내려면 기존의 지식 전달 위주의 주입식 교육을 하는 교사 중심에서 학생 중심 수업으로의 전환이 필요하다(류대호, 2023). 이에 한국어 교육에서도 학습자 중심 교육 방안 및 학습자에 대한 연구들이 이루어지고 있다. 한편, 신기술이 적용되어 개발되고 있는 학습 도구들 중 대다수가 학습자 맞춤형 학습이 가능하기 때문에 학습자 중심 교육의 시대를 앞당기고 있다.

이러한 변화 속에서 코로나19가 한국어 교육에 끼친 영향은 막대하다. 교실에서 수업을 할 수 없게 되자 원격 강의 및 실시간 온라인 강의, 다양한 기술이 적용된 교수·학습 도구의 개발 등이 급격하게 증가하여 팬데믹(pandemic)은 에듀테크 발달을 가속화시키는 촉진제 역할을 했다.

에듀테크 가속화 흐름은 한국어 교육의 주요 학습자층의 변화와도 맞물린다. 한국어 학습자의 대다수를 차지하고 있는 Z세대는 자신이 원하는 것, 흥미를 가지는 것을 찾아서 적극적이고 능동적으로 학습을 해 나가는 특징이 있다. 이 세대에게는 학습자 맞춤형 수업이 적합할 것이다. 이렇듯 급변하는 시대에 뒤처지지 않으면서도 한국어 교육 고유의 정체성을 잘 이어 나가려면 한국어 교육 전문가들과 정부의 노력이 계속되어야 한다.

AI 챗봇과 한국어 교육

2020년 12월 기준, 국내에서 가장 활용도가 높은 인공지능 서비스는 AI 챗봇이고(진동수, 2021), 인공지능 기술은 현재까지 언어 교육에 가장 큰 영향을 미치고 있다(유지연 · 유훈식, 2021).

한국어 교육에서도 시대의 변화에 발맞춰 인공지능 기술을 적용하여 학습 도구를 개발하는 연구들이 2020년대에 들어서 활발히 이루어졌다. 그중에서도 인공지능 기술을 활용한 연구 및 개발의 시작점이 된 학습용 챗봇 개발 및 연구가 지금까지도 두드러진다.

AI 챗봇은 학습자 중심의 교육을 실현시켜 줄 수 있으며 시대의 흐름을 반영한 학습 도구라는 측면에서 각광을 받고 있다. 학습자가 자신의 숙달도, 주제 등을 자유롭게 선택하여 학습할 수 있어 학습자 맞춤형 학습 도구라고 볼 수 있다. 학습자는 자신의 학습 상황을 점검 및 관리할 수도 있고 반복 학습도 가능하여 자기 주도 학습이 가능하다. 또한 AI 챗봇은 텍스트와 음성이 모두 지원되므로 말하기, 듣기, 읽기, 쓰기 네 가지 영역을 고루 학습할 수 있다는 장점이 있다(서지혜, 2025).

AI 챗봇은 네 가지 영역 중에서도 특히 한국어 말하기 학습 도구로서 각광을 받고 있는데, 시간과 공간의 제약을 받지 않으며 한국인을 접할 기회가 없는 해외 거주 학습자들에게도 유용한 말하기 학습 도구가 될 수 있기 때문이다. 그러나 학습자들이 AI 챗봇과 하나의 주제에 대해 이야기를 이어 나갈 수 있으며 대화에 대한 피드백 및 평가가 제공되어 AI 챗봇과의 대화 연습이 한국어 습득으로 이어지는 완벽한 학습 도구가 개발되려면 좀 더 깊이 있는 연구가 이루어져야 한다. 즉, 실제 시스템 구현을 위해 학습자 연구 및 빅데이터 구축 등이 지속되어야 한다. 이러한 연구를 토대로 개발된 AI 챗봇은 한국어 학습자의 실력 향상을 넘어 한국어 교육 저변 확대에도 기여할 것이다.

이 책의 구성

4차 산업혁명 시대의 도래에 따라 첨단 과학 기술이 발달하면서 언어 교육에도 다양한 시도와 많은 변화가 일어나고 있는 가운데 한국어 교육도 새로운 시대를 맞이

할 준비에 여념이 없다. 특히, 인공지능 기술은 한국어 교육에도 큰 영향을 미치고 있으며 학습자들의 학습 방법 및 학습 형태의 변화를 주도하고 있다.

이 책은 한국어 말하기 학습 도구로서 활용되고 있는 AI 챗봇의 필요성 및 개발 원리와 교육적 효용성에 대해 다루고 있다. 또한 현재 AI 챗봇 개발 현황을 점검하고 앞으로 나아가야 할 방향에 대해 제안한다. 1장에서는 AI 챗봇이 언어 교육에 활용되게 된 그 배경에 대해 이야기한다. 2~3장에서는 한국어 말하기 연습용 AI 챗봇 개발의 필요성에 대해 서술한다. 또 한국어 말하기 연습용 AI 챗봇이 갖춰야 할 요건과 AI 챗봇을 개발하는 데 바탕이 되는 이론 등을 제시하며 한국어 말하기 연습용 AI 챗봇의 전반적인 특징을 다룬다. 다음으로 한국어 학습 도구로서 기능하는 AI 챗봇 개발을 위한 한국어 교육 연구자의 역할을 4장에서 이야기한다. 5장에서는 챗봇의 시나리오 설계를 다룬다. 학습자와 챗봇 간의 가상 대화문인 시나리오가 교육적 실제성을 갖추기 위한 설계 방안에 대해 이야기한다. 6장에는 AI 챗봇 대화 설계가 기술되어 있다. 대화 처리, 대화 관리, 챗봇의 발화 유도 전략 및 피드백 등 AI 챗봇이 학습 도구로서 기능하기 위해 갖춰야 할 요건과 챗봇의 역할, 빅데이터 구축 방향을 설명

한다. 7장에서는 AI 챗봇 빌더를 소개한다. AI 챗봇 빌더를 사용하면 일반인들도 쉽게 챗봇을 제작할 수 있는데 한국어 말하기 연습용 도구로서 AI 챗봇 빌더의 적합성에 대해 논의한다. 8장에서는 한국어 말하기 연습용 AI 챗봇의 교육적 효용성에 대해 이야기한다. 챗봇과의 대화 연습을 통해 표현 학습이 가능하고 이러한 출력 활동이 언어 습득으로 이어지는지에 대해 논의한다. 9장에서는 한국어 말하기 연습용 AI 챗봇의 현재 기술에 대해 살펴본다. 학습자 발화 인식, 완벽한 자유 대화 구현, 학습 가능성 등을 점검한다. 마지막으로 10장에서는 한국어 말하기 AI 챗봇의 발전을 위한 제언을 하고 교육용 AI 챗봇이 나아가야 할 방향에 대해 논의한다.

앞으로 인공지능 기술 및 AI 챗봇은 언어 교육에서 다양하게 활용될 것이고 교사들 또한 이에 대한 대비가 필요하다. 따라서 이 책이 한국어 교육 현장에서 학습자들을 가르치는 교사, 한국어 교사가 되고자 준비 중인 예비 교사, 한국어 교육학을 연구하는 연구자들의 미래 역량을 강화하는 데 길잡이가 되었으면 한다.

참고문헌

강현화 외(2023). 《한국어 교육학 어디까지 왔나》. 한국문화사.

류태호(2023). 《챗GPT 활용 AI 교육 대전환》. 포르체.
박정일(2023). 《ChatGPT 시대에 묻는 교육의 미래》. 휴먼필드.
서지혜(2025). "초급 한국어 말하기 연습 도구로서의 챗봇 분석 연구: 세종학당 AI 선생님을 중심으로". 《차세대융합기술학회논문지》, 9(2), 516~525쪽.
유지연·유훈식(2021). "챗봇을 통한 스마트러닝 한국어교육의 학습 효과: 학습자 인식을 중심으로". 《멀티미디어 언어교육》, 24(2), 82~105쪽.
윤수경(2024.8.22). "한국어 보급 전진 기지 '세종학당', AI·빅데이터로 더 가까워진다". 서울신문. https://www.seoul.co.kr/news/life/2024/08/22/20240822500159
진동수(2021). "인공지능 챗봇의 성공과 실패에 미치는 요인에 관한 연구". 《차세대융합기술학회논문지》, 5(2), 168~175쪽.
지표누리 e-나라지표. https://www.index.go.kr/unity/potal/main/EachDtlPageDetail.do?idx_cd=1534

01
AI 챗봇과 언어 교육

4차 산업 혁명 시대에 접어들면서 한국어 교육 현장의 모습도, 학습자들의 학습 방법도 달라지고 있다. 신기술을 접목한 학습 도구들로 학습자들이 한국어를 공부하는 풍경이 이제는 낯설지 않은 시대가 되었다. 다양한 연구와 시도가 이루어지는 가운데 AI 챗봇이 한국어 말하기 학습 도구로 떠오르고 있다.

기후 위기와 인공지능?

에듀테크 시대와 한국어 교육

과학 기술의 발달에 따라 언어 교육도 끊임없이 변화를 거듭하고 있고 그에 따라 학습 방법 또한 다양화되고 있다. 소셜 미디어의 발달과 정보 통신 기술의 발달로 이미 오래전부터 한국어 교육에서도 블렌디드 러닝(Blended Learning), 플립드 러닝(Flipped Learning, 거꾸로 학습), 최근에는 마이크로 러닝(Micro Learning) 등 교수 방법도 변화하고 있다.

최근 4차 산업혁명 시대에 접어들면서 다양한 학습 도구들이 개발되고 있다. 가상 현실, 증강 현실 등의 기술을 접목하거나 메타버스, IOT(Internet of Things, 사물인터넷) 등 다양한 디지털 플랫폼을 통한 온라인 학습 도구들이 개발되고 있다. 빅데이터와 인공지능 기술은 그 중에서도 가장 많이 활용되고 개발되고 있다. 이와 같이 첨단 과학 기술과 새로운 교수 방법이 접목된 신개념 학습 도구들이 등장함에 따라 미래의 교실 혹은 미래의 학습 상황은 지금과는 사뭇 다른 모습일 것이다.

학습 주체 또한 변화하고 있는데 이러한 디지털 기기를 활용한 학습 도구들의 개발이 가속화되고 있는 배경에는 학습자들의 변화도 있다. 이전의 학습자들과 달리 최근의 주요 학습자층은 디지털 기기와 매우 친숙하고 그것들을 자유자재로 사용할 수 있으며 스스로 주체가 되어 학습을 주도해 나가는 경향이 높다. 특히, 국외의 한국어 교육 환경은 교실 수업을 넘어서서 매체를 활용한 개별 교육으로 확대되어 가고 있어 변화하는 시대와 학습자에 걸맞은 새로운 학습 도구의 필요성이 대두되고 있다.

AI 챗봇의 학습 도구로서의 가능성

챗봇은 개인 맞춤형 학습이 가능하다. 학습자는 자신이 숙달도, 주제 등을 자유롭게 선택하여 자신의 실력에 맞고 자신에게 필요한 내용에 대한 학습이 가능하다. 그뿐만 아니라 챗봇은 주제별 대화 진행과 학습자가 선호하는 주제 선택이 가능하다. 게다가 인공지능과 대화하며 학습한다는 데서 학습자들의 흥미를 유발할 수 있으며, 무엇보다 반복 학습이 가능하다는 장점이 있다(Fryer & Carpenter, 2006).

또한 챗봇은 다른 학습 도구들과는 다르게 학습자와 상호작용이 가능하다. 학습자의 대화 상대자가 되어 줄 수 있고 조언자 혹은 교사의 역할도 가능하며 피드백도 제공한다. 교실에서의 수업은 학생들이 다수이므로 집단의 실력에 맞춰 수업이 진행된다. 이에 반해 챗봇은 학습자 개인의 현 실력 및 요구 사항에 맞춘 학습이 가능하고 피드백 또한 개인적으로 이루어진다는 장점이 있다. 학습의 내용 면에서도 단순한 이해와 입력 중심에서 산출을 통한 출력 중심으로 이행하고 있다. 따라서 챗봇은 효과적인 말하기 학습 도구라고 할 수 있다.

실제 한국어 교실에서는 오래전부터 말하기 연습 시간이 부족한 것이 개선점으로 거론되어 왔다. 한국이 아닌 다른 나라에서 외국어를 배우는 학생들은 원어민과 말할 기회가 적다. 학습자들 중에는 교실 상황에서 말하기 과제를 수행하면서 다른 학생들과의 실력 차이로 소외감을 느끼는 학생도 있고, 말하기 과제를 수행하거나 말하기 연습을 할 때마다 긴장해서 만족스러운 의사소통이 어려울 때도 종종 있다. 최근 들어서는 유튜브 등 다른 수단을 통해 스스로 한국어를 학습하는 학습자들이 급격하게 늘고 있지만 여전히 원어민과 한국어를 말할 기회가 적어서 말하기는 항상 학습자들에게 어렵고 자신이 없는 영역으로 분류되고 있는 실정이다.

이와 같이 부족한 말하기 연습 시간을 확보하기 위해서는 언제, 어디에서든지 조력자 역할을 해 주며 한국어 모어 화자를 대신할 수 있는 대화 상대자가 있어야 한다. 이는 그동안 현실적으로 불가능했지만 인공지능 챗봇의 개발로 이러한 학습 도구의 개발이 실현 가능해졌다. 인공지능 챗봇은 시간과 장소에 구애받지 않고 학습이 가능하다. 특히 팬데믹으로 인한 비대면 시대의 갑작스러운 도래와 디지털 기기 및 소셜 미디어가 하루가 다르게 발전하는 상황에서 접근이 용이한 챗봇은 시간과 장소에 구애받지 않아 적합한 외국어 학습 도구다. 그뿐만 아니라 최근 한국어 학습자의 대다수를 차지하는 Z세대들은 디지털 기기와 친숙한 세대이므로 인공지능 챗봇은 효과적인 말하기 연습 도구가 될 것이다(서지혜, 2022).

한국어 말하기 학습용 AI 챗봇의 요건

인공지능 챗봇이 효과적인 말하기 연습 도구로 기능하려면 갖춰야 할 요건이 있다. 현재 이미 개발된 한국어 말하기 학습용 챗봇들은 외국인 화자들에 대한 음성 인식률이 아직 완벽하지 않고, 한국어의 조사나 어미 등을 제대로 인식하지 못하는 경우가 종종 발생한다. 또한 외국인 학습자들이 생성해 내는 다양한 오류들을 모두 인식하고 처리하려면 더 많은 빅데이터가 구축되어야 하고 기술적인 면도 발달해야 한다(홍금원, 2008). 이렇듯 챗봇이 단순한 대화 연습을 뛰어넘어 사용자와의 상호작용을 하려면 좀 더 발달된 기술이 요구된다(Van Rooy

& Viswesvanran, 2004).

현재 챗GPT의 개발로 한국어 학습 또는 인공지능과의 자유로운 회화 등이 가능해지기는 했다. 그러나 챗GPT는 학습자의 부정확한 한국어 발음 인식이 한국어 학습 도구만큼 되지 않을 때가 종종 있으며, 프롬프트 작성에 어려움을 겪는 외국인 학습자들이 많다. 학습자가 인공지능과 학습한 내용 또는 대화 연습이 언어 습득으로 이어지도록 하는 유의미한 대화 연습이 되려면 다양한 요소가 고려되어야 한다.

먼저, 학습 목적에 적합한 교육용 챗봇이 개발되어야 한다. 챗봇과의 대화 연습이 학습으로 이어지도록 하는 언어 교육적 내용이 기반되어야 하므로 챗봇의 내용적인 부분에 대한 설계가 필수이며, 한국어 교육자에 의한 효율적이고 교육적인 챗봇 개발 자료 구축이 전제되어야 한다. 즉, 학습에 유의미한 주제에 대해 학습자가 배운 문법과 어휘를 사용하여 말하기 연습을 할 수 있도록 설계되어야 하며 대화 연습, 다시 말하면, 출력을 통해 입력된 내용에 대한 학습의 내재화가 이루어져 학습 효과를 제고할 수 있어야 한다. 이와 같이 학습자와 챗봇이 학습에 유의미한 주제 맥락을 유지하면서 충분히 상호작용을 하려면 학습 내용을 담은 시나리오가 설계되어야 하고, 학습자가 성공적으로 대화를 끝내려면 학습에 도움이 되는 대화 처리 과정 또한 설계되어야 한다.

외국어를 단기간에 습득하기란 쉽지 않은 일이다. 효과적으로 외국어를 학습할 수 있는 학습 도구가 개발된다면 성공적인 외국어 습득에 결정적인 요소로 작용할 것이다(김인석 · 김봉규, 2020).

참고문헌

김인석·김봉규(2020). "인공지능형 대화형 챗봇 현황과 영어교육용 챗봇 개발 방안". 《영어영문학21》, 33(2), 73~92쪽.

서지혜(2022). "한국어 말하기 연습용 인공지능 챗봇의 내용 구성 방안 연구". 연세대학교 대학원 박사 학위 논문.

홍금원 외(2008). "한국어 모바일 대화형 에이전트 시스템". 《한국컴퓨터정보학회논문지》, 13(6), 263~271쪽.

Fryer, L. & Carpenter, R.(2006). Bots as language learning tools. *Language, Learning & Technology, 10*(3), pp.8~14.

Van Rooy, D. L. & Viswesvaran, C.(2004). Emotional intelligence: A meta-analytic investigation of predictive validity and nomological net. *Journal of Vocational Behavior, 65*(1), pp.71~95.

02
한국어 말하기 연습용 AI 챗봇 개발 1

한국어 교실에서 부족한 말하기 시간을 확보해 줄 수 있는 학습 도구로 각광받는 AI 챗봇. 그렇다면 어떻게 하면 AI 챗봇과 나눈 대화가 학습으로 이어질 수 있을까? 한국어 말하기 연습용 AI 챗봇의 내용을 구성하는 데 핵심적인 역할을 하는 시나리오 설계에 대해 다뤄 보고자 한다.

노래하는 AI 보컬?

AI 챗봇 내용 개발의 필요성

제2언어 교육에서 말하기란 학습한 것을 출력하는 활동이다. 이 책은 이러한 출력 활동을 통해 내재화 및 언어 습득으로 연결해 주는 학습 도구를 다룬다. 이에 '한국어 말하기 연습용 AI 챗봇' 개발에 대해 살펴보겠다. 챗봇이 말하기 연습을 위한 도구로 기능하기 위해서는 학습자가 챗봇과 대화 맥락을 유지하면서 자연스러운 대화가 이루어질 수 있어야 한다. 이를 위해서는 시나리오가 기반이 되어야 하는데, 여기서 시나리오란 챗봇과 학습자 간의 가상의 대화를 말한다. 표준국어대사전 정의에 따르면 시나리오(Scenario)는 '영화를 만들기 위하여 쓴 각본', '어떤 사건에서 일어날 수 있는 여러 가지 가상적인 결과나 그 구체적인 과정'이라는 두 가지 뜻이 있다.

한국어 말하기 학습 도구로 개발되는 챗봇에서 시나리오란 챗봇이 학습자와 유의미한 대화를 이어 나가기 위해 미리 세워 놓은 계획으로 주제, 내용 전개, 등장인물 등을 표현해 놓은 것이다. 챗봇의 내용 구성에 기반이 되는 시나리오에는 학습자가 배운 어휘와 문법을 사용해서 복습이 가능한 내용이 포함되어 있어야 하고 교육적 효과가 내재되어 있어야 한다. 즉, 교육용 대화문이어야 한다.

제2언어 교육에서 말하기란 배운 어휘와 문법 및 표현들을 사용해서 정확하게 출력해 내는 일련의 과정이다. 따라서 말하기 학습 도구는 학습자가 입력한 어휘와 문법을 출력할 수 있는 활동이어야 진정한 말하기 학습이라고 할 수 있다. 시나리오가 교육적 실제성을 갖추기 위해서는 교재 대화문을 비롯하여 교실 수업에서의 교사 말, 언어권별 · 숙달도별 학습자가 출력해 내는 다양한 오류의 양상 등이 모두 연구되어야 하기 때문에 챗봇의 내용 구성 방안이 개발되어야 한다(서지혜, 2022).

제2언어 학습에서 학습자의 발화 양상은 그 경우의 수를 헤아릴 수 없을 만큼 다양하다. 더욱이 한국어는 그 특수성상 더 많은 경우의 수가 생성될 수 있으며, 학습자들이 생성하는 오류까지 포함하면 예측이 불가능하다. 따라서 챗봇과 대화하는 학습자에게 발화의 자율성을 최대한 주고, 이것이 습득으로 이어지게 하려면 정교한 시나리오와 습득에 효과적인 대화 처리 과정이 설계되어야 한다.

시나리오를 작성할 때 시나리오 설계의 틀을 촘촘히 짜면 전체 대화의 흐름, 대화 상황 등을 구체적으로 제시할 수 있다. 또 주제, 대화 맥락, 대화 상황을 고려했을 때 챗봇의 질문에 대한 대답도 정할 수 있다. 이렇게 정해진 큰 틀 안에서 학습자는 자신이 직접 문장을 만들어서 대답할 수 있다. 학습자가 배운 어휘와 문법을 사용해서 대화 연습을 하기 위해서는 대화가 학습에 유의미해야 하는데 이 또한 교육적 효과를 지닌 시나리오가 기반되어야 한다. 챗봇과의 대화가 습득으로 이어지기 위해서는 학습자가 이해 가능한 출력을 하도록 챗봇이 적절한 상황에 적절한 피드백을 줄 수 있어야 한다. 또 주제 맥락을 유지하면서 대화를 이어 나갈 수 있는 장치들이 마련되어야 한다. 이를 위해서는 학습을 내재화시키는 대화 처리 과정이 설계되어야 한다.

또한 챗봇은 학습자 맞춤형 학습 도구이자 자기 주도 학습이 가능한 학습 도구이므로 개발 시에 학습자의 배경, 목적, 취미, 상황 등을 고려해야 한다. 그뿐만 아니라 교사가 없는 상황에서 학습이 이루어지므로 챗봇은 연습 친구, 도우미, 또는 교사의 역할을 대신해 줄 수 있어야 한다(이윤희, 2017). 이러한 모든 것들은 내용 구성 시에 고려되어야 하며 학습자들이 수업에서 배우는 학습 주제들, 대화 전개 양상 등이 모두 시나리오에 포함되어야 한다.

제2언어 교육에서 챗봇에 관심을 가지기 시작한 초기에는 대기업에서 출시한 인공지능 스피커라고 불리는 챗봇을 활용하여 연구를 진행했다. 그런데 이러한 인공지능 스피커들은 대부분 음성 비서의 기능을 가진 인공지능 스피커로 개발되어서 제2언어 학습 도구로 사용하기에는 많은 한계점들이 따랐다.

인공지능 스피커들은 교육용 대화를 하기에는 내용 구성을 갖추지 못했다. 따라서 학습자들과 학습에 유의미한 주제로 대화를 나누기가 힘들며 외국인 학습자의 발음 인식이 잘 안 되어서 학습 도구로 적합하지 않다.

또한 교육용 챗봇으로 사용되기에는 이전의 대화를 기억하지 못한다는 점, 주제에서 벗어난 대화를 한다는 점 등의 문제점도 드러났다(Kim, 2006). 목표 어휘 및 문법을 사용해서 대화할 수 없는 경우가 많고 정보 요청하기, 문제 해결하기, 일상 대화하기 등의 다양한 기능의 대화를 할 수 없다는 점도 꼽을 수 있다. 교육용으로 사용하려면 대화 중 맥락 관리 및 주제 유지 기능이 강화되어야 하며 실제 대화와 같은 복잡한 대화 턴 구조도 가능해야 한다.

게다가 기업에서 만든 인공지능 스피커는 학습 도구로 사용하면 대화의 흐름이 자연스럽지 못하다. 대화의 맥락이 저장되지 않아서 대명사 및 생략 어휘를 잘 파악하지 못하며 이전의 대화가 유지되지 않아서 대화가 원활하지 못하다. 사용자와 자연스러운 연속 대화를 하려면 챗봇에 대화 스크립트가 구성되어 있어야 한다(이동한, 2019).

한국어 말하기 연습용 AI 챗봇 개발 사례

2010년대 후반부터 지금까지 한국어 교육용 챗봇이 개발되었는데, 그중에서도 한국어 말하기 학습용 챗봇 중 하나인 '세종학당 AI 선생님'을 살펴보겠다. 세종학당재단이 개발하여 무료로 서비스되고 있다. 인공지능을 기반으로 한 챗봇 형태의 한국어 학습 도구로 말하기뿐만 아니라 쓰기 학습도 가능하다.

'세종학당 AI 선생님'은 시나리오를 기반으로 한 한국어 교육용 챗봇으로 챗봇의 주도하에 대화 연습이 이루어지도록 설계되었다. 대화 연습을 통해 학습자들이 실제 언어생활에서 일어날 가능성이 있는 상황들을 연습할 수 있도록 하는 데 그 목적이 있다. 사용자의 교육적 효과를 기대하기 위해서는 대화 연습을 하는 사용자가 수준별 학습 목표에 맞는 표현을 사용할 수 있어야 하고 이에 맞는 대화 상황이 제시되어야 한다고 보았고, 이러한 것들이 모두 포함된 대화문을 작성하기 위해서는 시나리오가 우선되어야 한다고 보았다(세종학당재단, 2021).

또한 학습자들은 일반적으로 대화 연습을 하기 전에 교재에 제시된 모범 대화문으로 선행 학습을 한다. 이에 '세종학당 AI 선생님'은 한국어 교재의 대화문을 분석해 대화를 구성했다. 또 한국어 교재의 대화문 분석과 '국제 통용 한국어 표준 교육 과정'을 참조하여 대화 주제, 기능, 대화쌍 수, 문장 길이 등을 설계했다. 이와 같은 요소들을 고려하여 시나리오를 설계했고 정교한 시나리오를 기반으로 교육용 대화문을 작성했다. 즉, 챗봇과 학습자가 이어 나갈 가상의 한국어 대화이고 학습에 유의미한 대화다. 이 대화문들은 학습자의 예상 가능한 응답들이 작성됐으며, 학생들의 응답에 따라 챗봇은 다른 발화를 하도록 작성됐다. 이때, 학습자 응답의 정확한 처리와 대화의 맥락 유지 등을 위해 모든 대화에 미션이 제시되어 있다. 예를 들어, 마트에서 물건을 사는 대화의 경우 학습자에게 무슨 물건을 구매하라는 미션을 부여한다.

그뿐만 아니라 학습자 맞춤형 학습이 가능하도록 학습자는 대화 주제를 선택할 수 있게 되어 있다. 또한 자기 주도 학습이 가능하도록 모든 대화에 '힌트' 기능이 있어 학습자가 어떤 응답을 해야 할지 모를 때 볼 수 있도록 되어 있다. 마지막으로 대화가 끝나면 자신의 발화에 대한 평가를 확인할 수 있는 기능이 있다. 모든 학습 도구는 각각의 장점과 보완점을 지니고 있으나 '세종학당 AI 선생님'은 한국어 교육학에 기반하여 내용이 구성되었고, 외국인 학습자의 음성 인식 기능 및 한국어의 특징 등을 고려하여 학습자의 대화 처리가 이루어진다는 데 의의가 있는 말하기 학습 도구라고 할 수 있다.

참고문헌

서지혜(2022). "한국어 말하기 연습용 인공지능 챗봇의 내용 구성 방안 연구". 연세대학교 대학원 박사 학위 논문.

세종학당재단(2021). "인공지능 기반 한국어 학습 지원 서비스 구축 사업 결과보고서".

이동한(2019). "시나리오 플로우를 활용한 영어 학습용 대화형 챗봇 개발 방안". 《중등영어교육》, 12(4), 99~124쪽.

이윤희(2017). "외국어로서의 한국어 말하기 연습을 위한 상황인지 기반의 챗봇 설계에 관한 연구". 《2017년 한국외국어교육학회 학술대회 자료집》, 445~449쪽.

Kim, Y.(2006). Effects of input elaboration on vocabulary acquisition through reading by Korean learners of English as a foreign language. *TESOL Quarterly, 40*(2), pp.341~373.

03
한국어 말하기 연습용 AI 챗봇 개발 2

AI 챗봇은 교사의 도움 없이 시간과 공간의 제약을 받지 않고 학습자가 자기 주도적으로 학습할 수 있는 도구다. 한국어 말하기 연습용 AI 챗봇을 개발하는 데 자기 주도 학습 이론이 기반이 되는 까닭과 중요성을 설명한다. 그뿐만 아니라 챗봇의 내용 구성에 근간이 되는 이론인 마이크로러닝 기법과 출력 가설에 대해 살펴본다.

인공지능과 편향?

자기 주도 학습

제2언어 교육에서 AI 챗봇은 교사나 도우미의 도움 없이 학습자 스스로 학습을 해 나갈 수 있는 유용한 학습 도구다. 한국어 말하기 연습용 AI 챗봇 또한 학습자가 중심이 되어 스스로 학습을 진행하는 데 활용할 수 있는 학습 도구로 각광받고 있다. 따라서 챗봇을 개발할 때에는 자기 주도 학습이 가능하도록 설계되어야 한다.

자기 주도 학습이란 학습자가 스스로 학습 목표를 세우고 학습량 또는 학습 진행 과정을 자신에게 맞게 조절하고 학습 상황을 점검해서 적극적으로 성취해 나가는 것을 말한다(Zimmerman, 2000). 또한 학습자가 자신의 요구 진단부터 학습 목표 설정, 실행, 학습 결과 평가의 전 과정을 스스로 주도권을 가지고 이끌어 나가는 것을 말한다(Knowles, 1975).

자기 주도 학습은 학습자의 역할이 중요하다. 학습자가 자기 주도 학습을 수행하기 위해서는 학습 동기가 충족되어야 하고 스스로 학습을 관리하고 통제할 수 있도록 시스템이 설계되어야 한다. 자기 관리는 학습 과정을 스스로 운영하면서 관리하는 것을 말한다. 학습자들은 본인이 설정한 학습 목표에 맞게 학습에 유용한 여러 학습 자원들을 활용하는데, 이때 메타 인지적 전략을 사용한다. 자기 통제는 학습 과정에서 학습 전략을 점검하고 학습의 결과물을 평가하는 단계다. 학습자는 자신이 이미 가지고 있는 지식에 새롭게 학습한 지식이 완전하게 흡수되어 잘 수용될 수 있게 하는 활동을 하며 자신에게 맞는 새로운 학습 전략들을 사용하는 인지 활동을 한다. 학습 동기는 가장 중요한 요소로 학습을 시작하고 유지하게 한다. 학습자들은 자신이 실제로 습득하고 싶어 하는 내용과 학습 목표가 일치할수록 학습 동기가 높아진다(Garrison, 1997). 자기 주도 학습의 성공 여부는 학습자에 따라 좌우된다. 그러므로 챗봇은 학습자가 스스로 학습을 계획하고 실행하고 평가할 수 있도록 개발되어야 한다. 그리고 챗봇 학습자의 학습 동기를 부여하기 위해서는 학습자의 요구 분석 및 교재에 대한 분석을 토대로 만들어져야 한다.

챗봇을 통한 말하기 학습은 교재와 교사, 동료 학습자 없이 혼자서 스스로 진행하는 수업으로 이전의 한국어 교육에서는 없었던 특수한 교육 방안이다. 챗봇을 이용한 자기 주도 학습이 순조롭게 이루어지기 위해서는 실제 교실에서의 교사 역할을 챗봇이 어느 정도 담당하여 학습자와의 활발한 상호작용 및 의사소통이 이루어져야 한다.

마이크로러닝 기법

마이크로러닝은 최근 각광받고 있는 교육 방안으로 주목을 받게 된 배경은 다음과 같다. 제2언어 교육 방법은 끊임없이 진화하고 있다. 이는 한국어 교육도 마찬가지다. 최근 들어서 4차 산업 혁명의 도래와 주요 학습자층의 변화에 따라 다양한 교육 방법과 학습 도구들이 개발되고 있다.

최근 주요 학습자층인 1990년대 중반에서 2000년대 이후에 태어난 세대는 디지털 네이티브(Digital Native)라고 불릴 정도로 다양한 디지털 기기를 자유자재로 다루며 멀티태스킹이 가능하며, 이전 세대보다 자기 주도적이고 시각적인 도구에 의존하는 세대로 정의된다(세종학당재단, 2019). 이들은 유아기 때부터 디지털 기기를 접했기 때문에 텍스트보다는 이미지나 영상으로 소통하는 것에 익숙하고 이전 세대보다 주체적이고 적극적인 특성이 있다. 즉, 자신이 좋아하는 것을 위해서 직접 인터넷을 검색하고 찾아서 배우며, 스마트폰이나 앱 등의 디지털 기기를 이용해서 새로운 것들을 만들어 내고 친구들과 공유한다. 따라서 주요 학습자층인 이들의 특성을 고려해 시간과 공간을 초월하여 언제든지, 어디에서든지 자신이 주체적으로 사용할 수 있는 새로운 디지털 기기 형태의 학습 도구 개발이 이루어져야 한다. 그뿐만 아니라 교육 방법도 진화해야 한다.

마이크로러닝은 이러한 학습자층의 특징이 잘 반영되어 있는 교육 방법이다. 학습 내용을 작은 단위로 쪼개서 짧은 영상으로 만들어 교육 자료로 활용하면 학습자의 몰입을 유도할 수 있다. 그뿐만 아니라 사진, 오디오 파일, 플래시 카드 등 다양한 형태의 학습 자료를 사용해 흥미를 유발할 수 있다. 현재 대학에서도 마이크로러닝 기법을 많이 도입하고 있다.

이와 같은 마이크로러닝 기법의 특성은 챗봇이라는 학습 도구에 도입하기에 매우 적합하다. 또한 챗봇 형태의 학습 도구는 스마트폰에서 작동시킬 수 있도록 구현되는 경우가 많은데, 스마트폰을 활용한 학습의 경우 학습자들은 시간이 오래 걸리지 않는 학습 콘텐츠에 매우 긍정적인 평가를 내린다고 한다(김영우, 2020). 따라서 챗봇의 대화 모형을 마이크로러닝 기법에 기반하여 학습자 맞춤형 학습이 가능하도록 설계한다면 효과적인 학습 도구로 기능할 수 있다.

출력 가설

출력 가설(Output Hypothesis)은 학습자들이 출력을 하는 과정에서 습득이 이루어진다는 이론으로, 한국어 말하기 연습 챗봇의 내용을 구성하는 근간이 된다. 학습자는 출력을 하면서 무엇이 잘못됐는지 알아차리고 보유한 지식을 총동원하여 해결책을 찾으려고 하면서 자신의 한계를 확장하려고 한다. 이때 습득이 이루어진다. 학습자의 출력 과정에서 대화 상대자 또는 주변의 피드백은 매우 중요한 역할을 한다. 학습자 본인이 이해 가능한 출력(Comprehensible Output)을 했을 때 습득이 이루어진다. 즉, 본인이 한 출력이 맞는지 틀렸는지를 확인해 줄 수 있는 대화 상대자의 피드백이 필요하다. 또한 주변의 피드백 또는 힌트를 통해 이루어진 출력도 학습에 효과가 있다(Swain, 1985).

챗봇은 이러한 출력 가설에 기반하여 학습 도구로 개발하기에 적합하다. 학습자들은 챗봇과의 대화 연습을 통해 중간언어 단계를 극복하고 완전한 학습 단계에 이를 수 있다.

그동안의 외국어 교육은 입력 중심 교육 방안 연구가 압도적으로 많았다. 그러나 외국어를 학습할 때 입력만으로는 실력을 향상시키는 데 한계가 있다. 학습자들에게서 입력된 내용을 유의미한 출력으로 이끌어 내고, 이러한 출력이 유의미한 출력 활동이 되도록 해야 한다. 그래야 학습자들이 진정한 습득을 할 수 있다.

학습자들이 말하기나 쓰기 활동을 하면서 자신들이 표현하고 싶어하는 것과 표현할 수 있는 것 사이에 차이가 있음을 알게 되는 알아차리기(Noticing) 기능, 다양한 시도를 통해서 목표 언어로 의사소통을 하려고 하는 단계인 가설 검증(Hypothesis Testing) 기능, 의사소통을 하면서 제2언어 지식을 내재화해 언어 습득을 가속화시키는 메타언어적(Metalinguistic) 기능이 출력 가설의 핵심 기능이다.

학습자가 언어를 습득하는 데는 위와 같은 알아차리기 기능, 가설 검증 기능, 메타언어적 기능이 영향을 미친다. 알아차리기 기능은 위의 설명과 같고 가설 검증 기능은 자신이 표현할 수 없는 것이 무엇인지 알아차린 후에 학습자가 자신의 지식을 활용해서 다양한 시도를 통해서 목표 언어로 의사소통을 하려고 하는 단계다. 이러한 활동은 중간언어 단계의 한계를 뛰어넘으려는 것으로 이때 언어 습득이 이루어진다. 메타언어적 기능은 학습자들이 자신의 언어 사용을 반영해서 의사소통을 하면서 제2언어 지식을 내재화하고 컨트롤한다. 이러한 기능은 지식의 흡수 및 통합을 가져와 언어 습득에 효과적이며 습득의 속도 또한 빠르게 한다(Swain, 1985).

학습자들은 배운 어휘와 문법을 사용해서 말하기 활동을 하려고 할 때 자신이 표현할 수 있는 것과 없는 것이 무엇인지 알아차리게 된다. 이는 출력 활동의 중요한 역할 중 하나다. 그리고 학습자는 자신이 표현할 수 없는 것을 가진 지식을 활용한 다양한 시도를 통해서 목표 언어로 의사소통을 하려고 한다. 이때 학습자가 정답을 도출해 내기까지 교사 혹은 도움을 주는 자의 피드백 형태의 개입이 이루어지기도 한다. 학습자에게 더 생각해 보게 하거나 어느 부분이 잘못됐는지 암시를 주기도 하면서 발화를 유도하는데, 이는 강화된(Pushed) 출력으로 학습자가 성공적으로 출력을 하게끔 도와준다. 마지막으로 학습자들은 성공적인 의사소통을 통해 자신의 제2언어 지식을 내재화한다. 이러한 출력 활동은 어휘와 문법이 입력만 되어 있는 중간언어 상태의 불완전한 지식을 강화해 주는 동시에 진정한 언어 습득으로 이어지게 한다. 이와 같이 출력 가설의 효과를 봤을 때, 학습자에게 입력된 어휘와 문법을 발화 유도 전략 등을 통해 성공적인 출력 활동으로 이끌어 낼 수 있는 챗봇이 개발되어야 함을 알 수 있다(서지혜, 2022).

참고문헌

김영우(2020). “영어 학습을 위한 챗봇 및 챗봇 빌더 분석”. 《멀티미디어 언어교육》, 23(4), 161~182쪽.

서지혜(2022). “한국어 말하기 연습용 인공지능 챗봇의 내용 구성 방안 연구”. 연세대학교 대학원 박사 학위 논문.

세종학당재단(2019). “세종학당 온라인 한국어 강좌(초급) 교육과정 및 강의 콘텐츠 개발 연구 용역 최종보고서”, pp.18~33.

Knowles, M.(1975). *Self-directed Learning: A guide for Learners and Teachers*. Association Press.

Swain, M.(1985). Communicative competence: Some roles of comprehensible input and comprehensible output in its development. In Gass, S. & Madden, C.(eds.) *Input in second language acquisition*, pp.235~253. Newbury House Publishers.

Zimmerman, B. J.(2000). Attaining self-regulation: A social cognitive perspective. In Boekaerts, M. et al.(eds.). *Handbook of self-regulation*, pp.13~39. Academic Press.

04
AI 챗봇 개발에서 한국어 교육 연구자의 역할

한국어 말하기 연습용 AI 챗봇과의 대화 연습이 언어 습득으로 이어지려면 챗봇과의 대화가 교육적 효과를 지녀야 한다. 대화 종료 후에는 학습자 발화에 대한 평가도 이루어져야 한다. 그뿐만 아니라 챗봇이 학습 도구로서 적합한지도 검증해야 한다. 이는 모두 한국어 교육 연구자의 몫이다.

청각장애인과 AI?

학습 내용 구축

챗봇이 학습 도구로 기능하려면 학습자가 챗봇과의 대화를 통해 언어 습득이 이루어질 수 있어야 한다. 그러기 위해서는 대화가 교육적 실제성을 갖춰야 한다. 앞서 언급했듯이 한국어 교재의 대화문 분석은 물론이고 교실 수업에서의 교사말 연구도 이루어져야 한다(서지혜, 2022).

챗봇은 학습자와 성공적인 의사소통을 이끌어 내야 하며 대화를 주도해 나가는 역할을 해야 한다. 이와 같이 챗봇이 전반적인 학습 상황을 컨트롤하기 위해서는 교실 상황에서의 교사말에 대한 분석이 이루어져야 한다. 외국어 수업 교실 현장에서 학습자와 원활한 의사소통을 하기 위해서는 교사의 역할이 중요하다. 학습자가 모방할 수 있는 언어이며 학습자와의 상호작용의 대상이 되는 교사말은 학습자의 사고를 자극하여 목표 언어에 대한 지식을 전달한다. 또한 교사말에 따라서 학습자의 반응 및 참여가 달라질 수 있다.

한국어 교육에서 교사말에 대한 많은 연구들이 이루어졌는데, 교사들은 학습자들의 발화를 이끌어 내기 위해서 다양한 전략을 사용하는 것으로 나타났다(한상미, 2001). 학습자에게 목표 어휘 및 문법 연습을 유도하는 교사말, 학습자를 화제에 집중하게 하는 교사말, 과제 수행을 지시하는 교사말, 학습자의 의사소통을 위한 교사말, 학습자의 대답을 돕는 교사말 등을 적재적소에 사용하여 학습자들이 수업에 집중하고 참여할 수 있게 한다. 따라서 이러한 교사말을 분석하여 챗봇의 시나리오 설계에 적용해야 할 것이다.

교사가 학습자와 성공적인 의사소통을 하기 위해서는 교사의 피드백 또한 중요하다. 피드백은 오류 수정을 포함하여 학습자의 반응, 발화, 대답에 대한 교사의 평가, 확인, 설명 등이 포함된 포괄적인 교수 행위이며, 제2언어 교실에서의 피드백은 학습자의 발화 능력을 증진하는 데 필요하다. 피드백의 유형으로는 학습자의 발화 내용을 인정하는 수용, 학습자를 격려하는 칭찬, 불완전한 발화를 보충해 주는 보완, 학습자를 집중하게 하는 강조, 이해하기 쉽게 풀어서 말하는 바꿔 말하기, 예시, 학습자 발화에 대한 의견을 표명하는 의사 표현 등이 있다(한상미, 2001). 한국어 교육에서 피드백에 대한 연구도 활발히 진행되었는데 이러한 교사의 피드백을 잘 분석하여 챗봇의 발화로 활용하면 학습자가 챗봇과 좀 더 성공적인 의사소통을 하게 될 것이다. 챗봇이 대화를 이어 나가면서 적절한 피드백을 학습자에게 제공한다면 학습자의 학습 동기를 고취해 주고 원활한 상호작용을 가능하게 해 주는 요인이 될 것이다. 따라서 챗봇의 시나리오를 설계하는 데 도움이 되는 대화의 주제, 내용, 대화에 들어가는 어휘와 문법을 비롯하여 대화를 성공적으로 이끌 수 있는 교사말에 대한 연구가 이루어져야 하는데, 이는 한국어 교육 전문가가 담당해야 할 역할이다.

학습자 분석

학습자 맞춤형 학습 도구 개발을 위해서는 한국어 학습자에 대한 분석도 이루어져야 한다. 최근 한국어 교육의 주요 학습자층에 대한 특징을 연구하고 학습자들의 요구에 대한 조사가 끊임없이 이루어져야 하는데, 이 또한 한국어 교육 전문가들의 몫이다.

한국어 학습자들이 한국어를 배우게 된 배경, 그들이 관심 있어 하는 주제, 한국어 학습 목적 등을 두루 조사하여 교육 과정 설계에 반영해야 할 것이다. 그뿐만 아니라 학습자들이 한국어를 배우는 과정에서 어려워하는 것이 무엇인지를 파악하고 이를 챗봇 대화 설계에 반영해야 한다.

또한 숙달도별 학습자들의 수준 파악, 언어권별 학습자들의 특징이 비교적 정확하게 분석되어야 한다. 이를 기반으로 하여 챗봇 대화의 숙달도별 난이도, 언어권별 학습자 발음 경향을 음성 인식에 반영해야 한국어 학습자 말하기 연습에 적합한 챗봇을 개발할 수 있을 것이다.

학습자 평가

한국어 말하기 연습용 챗봇이 자기 주도 학습이 가능하려면 학습자 스스로 학습 상황을 점검할 수 있는 시스템이 갖춰져 있어야 하고, 학습자가 챗봇과의 대화 결과 즉, 학습 결과를 한눈에 파악할 수 있도록 제시해야 한다. 다시 말해 학습자가 이해하기 쉽고 스스로 학습 상황을 점검하고 관리할 수 있도록 해야 한다.

학습자 평가는 자기 주도 학습을 완성시켜 주는 단계라고 할 수 있다. 챗봇은 말하기 학습 도구인 만큼 학습 결과에는 말하기에 대한 피드백이 있어야 한다. 또한 학습자가 발화한 내용에 대한 종합적인 평가가 이루어져야 한다. 말하기 평가에는 정확성과 유창성에 대한 평가가 모두 필요하므로 발화의 어떤 요소들에 대한 평가가 이루어져야 하는지에 대한 연구도 진행되어야 한다.

학습 도구로서의 적합성 검증 작업

최근 들어서 시대의 흐름에 맞춰 새로운 기술을 적용한

학습 도구들이 우후죽순 개발되고 있는 반면 이러한 신기술을 활용한 학습 도구가 학습의 기능을 하는지 그 검증 도구에 대한 개발은 미미한 상황이다. 챗봇의 경우도 개발에 그치지 않고 이미 개발된 챗봇들이 학습 도구로서 효과가 있는지 검증할 수 있는 방안에 대해서도 연구가 이루어져야 한다.

한국어 말하기 연습용으로 개발된 챗봇의 경우, 챗봇과의 대화는 유의미한 출력을 유도하는지, 챗봇의 발화 유도 전략은 습득에 효과적인지에 대해서 검증할 수 있는 방안이 마련되어야 한다. 즉, 챗봇과의 대화를 통해 학습자들이 배운 내용에 대한 복습이 가능한지, 모든 학습자들이 학습 도구로 사용할 수 있는 범용성을 지녔는지를 검증해 봐야 할 것이다. 또한 챗봇의 발화 유도 전략은 학습자들 스스로 무엇이 잘못됐는지 알아차리게 하는지, 챗봇이 발화 유도 전략을 사용하는 것이 습득에 더 효과적인지에 대해 구체적으로 검증해 봐야 한다.

이를 위해 가장 먼저 이루어져야 할 것은 학습자들을 대상으로 한 실험이다. 언어권별, 숙달도별 다양한 실험 집단을 구성하여 다른 조건들이 통제된 상황에서 챗봇의 학습 효과를 검증할 수 있도록 학습자들에게 일정 기간 챗봇을 이용하여 대화 연습을 진행하도록 해야 한다.

또 챗봇과의 대화 연습을 시작하기 전과 일정 기간 동안 챗봇과의 대화 연습을 진행한 이후에 학습자들을 평가하여 평가 점수에 차이가 있는지, 점수가 상승했다면 그 요인이 챗봇에 있는지도 밝혀내야 할 것이다. 이러한 실험과 그 결과들이 계속 축적된다면 챗봇 평가 방안 및 기준이 고안되는 데 큰 역할을 할 것이다. 그리고 이러한 일련의 과정들은 한국어 교육 전문가들이 해야 하는 일이다.

참고문헌

서지혜(2022). "한국어 말하기 연습용 인공지능 챗봇의 내용 구성 방안 연구". 연세대학교 대학원 박사 학위 논문.

한상미(2001). "한국어 교실에서 나타난 교사의 피드백 유형 연구". 《외국어로서의 한국어교육》, 25~26, 453~505쪽.

05
시나리오 설계

한국어 말하기 연습용 AI 챗봇이 학습 도구로서 기능하기 위해서는 학습자가 나누는 챗봇과의 대화가 교육적 실제성을 갖춰야 한다. 학습자가 배운 문법과 어휘를 사용하여 학습 주제에 대한 이야기를 하는 유의미한 출력 활동이 이루어져야 한다. 그러기 위해서는 교재 분석을 기반으로 한 시나리오가 설계되어야 한다.

AI 콘텐츠 크리에이터?

한국어 교재 대화문 분석의 필요성

챗봇이 교육용 챗봇으로서의 기능을 하기 위해서는 인공지능 기술 기반 위에 학습에 유의미한 대화 연습을 할 수 있는 내용이 갖춰져야 한다. 즉, 한국어 교육의 교수요목으로 설계된 시나리오와 대화 연습이 습득으로 이어지도록 하는 대화 처리 방안이 고안되어야 한다. 한국어 말하기 연습용 챗봇의 대화의 기본 틀이 되는 시나리오의 효과적인 설계 방안에 대해서 제안하겠다.

이 장에서 제안하는 내용은 한국어 말하기 연습용 챗봇의 내용 설계 방안에 대해서다. 따라서 한국어를 능숙하게 구사하는 고급 학습자와 인공지능 간의 무한 자유대화 즉, 챗GPT와 같은 대화의 내용 구성을 설계하는 것이 아니라는 점을 다시 한번 명시한다. 한국어 말하기 연습용 챗봇 개발은 학습자가 교실에서 배운 어휘와 문법을 사용하여 챗봇과 말하기 연습을 할 수 있는 복습 도구로서의 챗봇을 개발하는 데 그 목적이 있다.

학습자들의 학습 자료로 사용되는 교재의 대화문 분석을 토대로 한 시나리오 설계 방안을 제시하겠다.

교재는 한국어 교수요목에 따라 집필되었으며 목표 어휘와 문법이 포함되어 있다. 복습용 챗봇의 내용을 구성하는 데는 이러한 교재가 기반이 되어야 한다. 교재의 대화문은 대화의 전형성, 학습 목표에의 충실성, 대화 상황의 다양성, 대화 분량의 경제성을 갖추고 있다(김서형, 2020). 또한 목표 어휘와 문법이 압축되어 있고 학습자 수준에 맞게 가공되어 학습자들이 학습 목표와 주요 내용을 익힐 수 있어 교육적 가치를 지닌다고 할 수 있다(이소영, 2013). 그뿐만 아니라 교재 대화문은 2인의 대화자로 구성된 경우가 많아 챗봇의 대화로 구현하기에 적합하다.

한편 대화의 실제성을 강조하며 구어 자료 분석의 필요성을 주장하는 목소리도 없지 않다. 그러나 구어에는 목표 어휘와 문법이 압축되어 있지 못한 경우가 대부분이어서 학습자들이 배운 내용을 복습하기에 적합하지 않다. 또 비문 및 구어적 표현이 많아 모어 화자가 아닌 학습자들에게 사용될 학습 자료로 사용되려면 구어 자료 역시 가공되고 정제되는 작업을 거쳐야 한다.

교재 대화문 분석 요소

특정 대학 기관에 적합한 말하기 연습 도구가 아닌, 어느 정도의 범용성을 갖춘 말하기 연습 도구를 개발하려면 주요 대학 기관의 한국어 교재들의 대화문 분석이 이루어져야 한다. 여러 교재들을 분석해 각 교재에서 공통적으로 나타나는 전형성을 확보해야 한다. 그리고 대화문 분석은 한국어 교육 교수요목의 기틀이 되며 한국어 교재 개발에 활용되는 자료인 '국제 통용 한국어 표준 교육과정'의 주제와 기능 범주를 기준으로 삼아서 진행되어야 한다(서지혜, 2022).

대화문 분석을 통해 숙달도별 대화문의 주제와 기능을 선정하고 그에 따른 대화의 내용과 구조를 밝혀야 한다. 기존 교재의 대화문을 그대로 가져다 사용하지 않고 분석 결과를 종합하여 챗봇 대화에 적합하도록 시나리오를 설계해야 한다. 그리고 이 시나리오를 토대로 교육적 실제성을 갖춘 챗봇과 학습자 간의 교육용 대화문을 작성해야 한다.

여기에서 교육용 대화문이란 시나리오를 바탕으로 학습자와 챗봇이 실제 주고받게 될 가상의 대화를 말한다. 그뿐만 아니라 교육적 실제성을 갖췄다는 점에서 교육용 대화문이라 부른다. 숙달도별 학습자들이 수행해야 하는 과제가 있고 학습해야 하는 어휘와 문법 및 표현들이 있다. 이러한 숙달도 및 학습 과제, 표현들이 모두 녹아들어 있는 것이 바로 한국어 교재의 대화문이다. 대부분의 한국어 교재, 특히 대학에서 출판한 교재에는 각 과 또는 항 시작에 대화문이 있다. 이 대화를 본문이라고 말하기도 하는데, 이 대화문에는 학습 목표 및 학습해야 하는 주제, 어휘, 문법, 표현들이 모두 녹아들어 있으며, 학습자들이 배워야 하는 과제 또는 기능이 포함되어 있다. 학습자들 또한 한국말을 배울 때 대부분 교재를 사용하기 때문에 학습자에게도 챗봇을 사용해서 배운 표현들을 연습할 때 낯설지 않은 상황을 제공할 수 있다. 따라서 이러한 교재의 대화문을 분석하여 학습 목표가 녹아들어 있는 대화의 전형을 분석하고 시나리오 작성의 틀로 활용하는 것을 제안한다.

교재의 대화문은 크게 대화 내용과 대화 구조로 나눠서 분석하는 것이 좋다. 대화 내용은 다시 주제와 내용 구성, 두 화자 간 관계에 대한 분석이 이루어져야 한다. 대화 주제는 앞서 언급한 '국제 통용 한국어 표준 교육과정'에 제시된 주제 범주 및 항목을 기준으로 분석하며, 내용 구성을 위해서는 같은 주제별 공통적으로 나타나는 대화 내용을 분석한다.

대화문의 대화 구조를 분석하기 위해서는 대화 구조에 영향을 미치는 요소들을 분석해야 한다. 대화의 기능, 담화 구조, 대화의 도입과 마무리 구성, 대화 스타일, 대화 참여자 관계 등을 살펴봐야 한다. 기능은 주제와 마찬가지로 '국제 통용 한국어 교육 표준 모형'을 기준으로 한다. 그러나 대화문 중에는 어떤 기능에도 속하지 않는 것들이 꽤 존재한다. 따라서 '국제 통용 한국어 교육 표준 모형'에서 '과제'로 분류한 항목들도 분석 기준에 추가하는 것이 좋다. 담화 구조의 경우 대화 전개 양상을 분석한다. 즉, 의사소통 목적을 달성하기 위한 서로 다른 두 화자들이 발화를 주고받으면서 이어지는 대화 이동을 살펴봐야 한다.

교재 대화문 분석의 실제

다양한 교재 분석을 통해 교재들에 나타나는 전형성을 확보하면 학습자가 어떤 교재로 학습을 했든 챗봇을 통한 복습이 가능한 시나리오 틀을 설계할 수 있다. 이러한 시나리오 틀은 객관적인 학습자용 자료로서의 역할을 하는 교육용 대화문 작성의 기준이 된다.

교재의 대화문 분석의 예는 다음과 같다. 초급 한국어 교재 대화문의 주제 가운데 '개인 신상'을 예로 들면, 대화의 기능은 '사교 활동하기'이고 담화 구조는 '질문하고 대답하기'의 반복으로 구성되어 있다.

대화문의 도입에서는 두 화자가 쌍방 인사를 나누고 대화의 마무리는 인사 없이 끝나는 경우가 대부분의 교재에서 나타났다. 두 화자의 관계는 친밀하지 않고 소원하다. 대화의 내용 구성은 '이름, 국적, 직업, 한국어를 배우는 이유 묻기'인 것으로 나타났다.

숙달도별 각각의 주제에 대한 대화 정보가 이처럼 정리가 되면 하나의 주제에 대해 챗봇과 학습자 간 주고받게 되는 대화의 틀을 마련할 수 있다. 대화 참여자 두 사람의 관계 및 대하 내용 구성에 따라 상황 맥락을 설정하고 대화의 시작과 끝 즉, 도입과 마무리를 대화문을 분석한 대로 써 내려갈 수 있다. 또한 분석한 대화의 기능에 따라서 대화 목적을 설정하고 해당 주제의 교재 대화문에서 분석된 담화 구조에 따라 제안하기, 부탁하기, 질문하고 답하기 등의 대화를 만들어 나갈 수 있으며 대화 길이도 참조할 수 있나. 이러한 시나리오 틀 설계에 제시되어 있는 구성 요소들을 모두 활용하여 시나리오를 작성할 수도 있고 선택적으로 활용하여 작성할 수도 있다.

이와 같이 한국어 교재 대화문을 분석하여 숙달도별 즉, 초급, 중급, 고급 각각의 대화 주제를 선정할 수 있으며 대화 주제별로 대화 내용을 비롯하여 두 화자 간 관계, 대화 구조 등을 분석할 수 있어 이를 통해 챗봇 대화문의 근간이 되는 시나리오 설계의 틀을 마련할 수 있다. 시나리오 설계의 틀은 주제별·숙달도별 시나리오를 작성하는 데 뼈대를 이루는 요소다. 실제 한국어 말하기 연습용 챗봇을 개발하게 된다면 이 시나리오 틀에서 제시한 대로 숙달도별 대화의 주제 및 기능을 선정할 수 있고, 해당 주제별 시나리오 작성의 지침서 역할을 할 수 있다는 측면에서 시나리오 틀 설계의 의의가 있다.

이러한 시나리오 설계의 틀은 시나리오 정교화 작업의 기초가 된다. 대화의 주제, 기능, 구조, 상황, 내용 구성, 대화 참여자 간 관계 등 대화를 구성하는 모든 요소들에 대한 내용을 구체적으로 설정하면 촘촘한 대화 턴으로 구성된 시나리오를 작성할 수 있다.

정교한 시나리오는 학습자가 챗봇과 대화를 할 때 확실하게 방향성을 제시해 주므로 큰 방향성 안에서 학습자 발화의 자율성을 극대화할 수 있다. 즉, 대화의 정해진 주제와 기능 안에서 학습자는 다양한 어휘와 문법을 스스로 선택하여 대답을 할 수 있다. 챗봇은 학습자의 모든 경우의 수의 발화를 처리할 수 없다. 챗봇이 학습자 발화를 처리하지 못하면 그 대화는 맥락을 유지할 수 없으며 성공적으로 의사소통을 수행할 수 없게 된다. 따라서 학습자 발화에 자율성을 부과하기 위해서는 매우 정교하게 작성된 시나리오가 요구된다. 물론 정교한 시나리오가 바탕이 되어도 학습자는 엉뚱한 대답을 하거나 오류를 생성한다. 이에 관해서는 다음 장의 대화 처리 방안에서 다루겠다. 다시 말하면 챗봇의 시나리오 설계와 정교화 작업은 학습자가 챗봇과 주어진 주제, 상황 맥락 안에서 성공적인 자유 대화를 지향한다.

교재의 대화문 분석을 통해 전형적이고 범용적인 주제별 · 숙달도별 대화 내용 및 구성은 챗봇의 대화 처리 방안과 결합되면 학습자와 챗봇 간 학습에 유의미한 대화가 이어질 수 있을 것이다.

참고문헌

김서형(2020). "한국어 수업에서의 교사 칭찬 발화 양상 연구". 《외국어로서의 한국어교육》, 59, 29~63쪽.

서지혜(2022). "한국어 말하기 연습용 인공지능 챗봇의 내용 구성 방안 연구". 연세대학교 대학원 박사 학위 논문.

이소영(2013). "초급 한국어 교재 대화문의 대화 원형 연구". 《우리말교육현장연구》, 7(1), 161~187쪽.

06
AI 챗봇 대화 설계

학습자의 언어 습득은 어떤 상황에서, 어떤 조건하에서 이루어질까? 학습자의 오류 발화를 챗봇은 어떻게 처리해야 할까? 학습자가 챗봇의 질문에 대답을 못하거나 주제와 맞지 않는 대답을 하면 챗봇은 또 어떤 피드백을 제공해야 할까? 학습자의 출력 활동이 습득으로 이어지도록 하려면 챗봇의 대화 처리가 학습에 유의미하도록 설계되어야 한다.

AI와 민주주의?

대화 처리 모델

앞서 정의한 대로 챗봇의 시나리오란 학습자가 배운 내용을 사용해서 한국어 말하기 연습을 할 수 있도록 설계한 대화 내용 및 구성으로 챗봇이 교육적 효과를 가지게 해 주는 중요한 요소라고 할 수 있다. 학습자가 배운 어휘와 문법을 사용해서 해당 주제에 대한 대화를 해 나가면서 학습의 내재화가 이루어지기 때문이다. 이와 같이 배운 어휘와 문법을 사용해서 학습에 유의미한 대화를 이어 나가려면 대화의 내용적인 측면뿐만 아니라 대화 처리 또한 중요하다.

챗봇이 학습자와 하는 대화의 맥락을 유지할 수 있고, 학습자가 습득 단계에 이를 수 있도록 적절한 피드백을 제공하고, 학습자가 생산해 내는 수많은 대답들에 대해 적절한 반응을 할 수 있는 대화 처리 방안이 마련되어야 한다.

한국어 말하기 연습용 챗봇의 대화 처리는 다음의 과정을 거친다. 챗봇의 질문에 학습자가 대답을 하면 자연 언어 처리(Natural Language Processing) 과정을 거친다. 자연 언어 처리 과정을 통해서 발화 인식이 성공적으로 이루어지면 다음 대화가 계속 이어진다. 자연 언어 처리 과정에서 학습자 발화가 오류가 없고 주제에 적합하면 다음 단계로 넘어간다.

반면에 학습자 발화에 오류가 있는 경우, 챗봇은 '재질문하기', '명료화하기' 등 발화 유도 전략을 사용해서 학습자들이 자신의 대답에 오류가 있음을 알아차리게 해 대답할 기회를 준다. 이때 학습자들은 자신이 학습한 어휘와 문법 및 배경 지식을 총동원해서 다시 발화를 하게 된다. 이는 불완전한 중간언어 단계에서 진정한 언어 습득으로 갈 수 있는 유의미한 출력 활동이다.

학습자의 재응답이 정답인 경우에는 다음 대화로 넘어간다. 학습자의 재응답이 틀렸을 경우에도 다음 대화로 넘어가되 주제 대화가 종료된 후에 학습자의 오류를 피드백의 형태로 제시한다.

다시 정리하면, 학습자가 발화하면 자연 언어 처리 과정을 거쳐서 챗봇의 질문에 적합한 내용인지를 파악하고, 학습자 발화에 오류가 없는지를 확인한다. 이때 정문이 아니면 챗봇의 발화 유도 및 피드백 기능이 작동하여 학습자가 자신이 틀렸음을 알아차리게 하여 다시 대답할 기회를 준다. 학습자가 주제에 어긋난 발화를 하게 되면 챗봇은 대화 복귀를 위해 학습자에게 적절한 피드백을 준다. 이러한 과정을 거치면서 챗봇은 학습자와 대화를 지속한다.

한국어 말하기 연습용 챗봇은 무한 자유 대화를 지향하지 않고 학습자가 배운 어휘와 문법을 출력하는 활동이다. 즉, 입력을 통한 출력으로 학습의 내재화라고 할 수 있는 언어 습득을 위한 말하기 연습으로 볼 수 있다. 또한 학습에 유의미한 주제, 즉 수업 시간에 배운 주제에 대한 이야기를 챗봇과 나누게 되므로 어느 정도는 통제된 대화를 주고받게 될 것이다. 학습자에게 정확한 피드백을 주고 학습자가 자신의 발화가 정문인지 비문인지도 확인이 가능하게 하려면 촘촘한 시나리오 설계에 따른 대화 처리가 이루어져야 할 것이다(서지혜, 2022).

빅데이터 구축 방향

한국어 말하기 연습용 챗봇이 개발되는 데 빅데이터 구축은 중요한 부분 중 하나다. 한국어 학습자의 발음 인식을 위한 빅데이터 구축, 시나리오 구축이 이루어져야 한다. 시나리오 설계 및 구축을 위해서 숙달도별 · 주제별 대화 구성, 학습자의 예상 가능한 발화, 챗봇의 피드백 발화 등 시나리오를 위한 수많은 데이터들이 갖춰져야 한다.

먼저 사용자가 한국인이 아닌 외국인들이기 때문에 언어권별 한국어 학습자의 발음 인식이 잘되려면 언어권별 학습자 발화의 빅데이터가 구축되어 인공지능에게 학습시켜야 한다. 그뿐만 아니라 숙달도별 학습자의 발음도 고려해야 한다. 초급 수준의 학습자들은 발음이 자연스럽지 못할 수밖에 없다.

학습자의 발화 처리를 위해 한국어 교육용 어휘와 문법 목록이 모두 구축되어야 할 것이다. 이때, 시중 한국어 교재들의 교수요목 설정의 기준이 되는 국립국어원의 '한국어 교육 어휘 내용 개발'에서 선정한 어휘 목록과 '국제 통용 한국어 표준 교육 과정 적용 연구'의 문법 목록을 중심으로 하여 대학 기관에서 개발하여 많은 학습자들이 보고 있는 한국어 교재들의 어휘 및 문법 목록이 포함되어야 할 것이다. 이와 같이 데이터가 구축된다면 주제 대화별로 어휘와 문법을 범주화하는 작업이 이루어져야 할 것이다. 챗봇이 어휘와 문법을 처리하기 위해서는 선행되어야 하는 작업이다(서지혜, 2022).

예를 들어, '자기소개'라는 주제로 대화를 이어 가면서 챗봇이 "어디에 살아요?"라는 질문을 하면 학습자들은 미국, 영국 등 국가로 대답을 할 수도 있고 뉴욕, 런던 등 도시로 대답할 수도 있다. 또한 고향이라고 대답하는 학생들도 있을 것이다. 그뿐만 아니라 아파트라고 대답할 수도 있다. 따라서 이러한 경우에는 시나리오에서 학습자에게 기대하는 대답 범주와 해당 대화 주제별 교재들에 제시된 어휘 및 문법 목록을 합쳐서 범주화하는 작업이 필요하다.

즉, 시나리오가 거주하는 국가나 도시로 대답을 하는 것으로 설계가 되었다면 데이터베이스 안에 있는 어휘 중 국가와 도시에 해당하는 어휘와 교재에서 자기소개 또는 거주지에 대해 다룰 때 제시된 어휘를 묶어서 범주화해야 할 것이다. 이와 같이 거주지에 대한 범주화가 이루어진 상황에서는 학습자가 데이터베이스 안에 있는 국가나 도시 이름을 말하는 경우나 고향이라고 대답하는 경우는 정문으로 인식이 되고 다음 대화로 넘어가게 된다. 하지만 데이터베이스에 없는 국가나 도시는 인식되지 않게 된다. 따라서 학습자는 정문을 대답했는데 데이터베이스에 없는 도시 이름을 말하면 챗봇에게서 다시 대답을 하라는 요구를 받을 것이다. 또 정확한 피드백도 받지 못하게 된다. 그러면 학습이 이루어지기 어려워진다.

문법의 경우에는 유사 문법들의 범주화 작업을 통해 대화 맥락을 유지하는 선에서는 학습자들이 다양한 문법을 사용할 수 있도록 해야 한다.

또한 데이터베이스 안에 있는 어휘와 문법들의 숙달

도 태깅(Tagging) 작업이 이루어져야 한다. 각각의 어휘와 문법들이 초급, 중급, 고급 중 어느 급에 해당하는 어휘인지 태깅해서 분류해 놓는다면 학습자들이 챗봇과의 대화에서 사용하는 어휘와 문법의 수준을 평가할 수 있을 것이다.

학습자가 주제와 관련 없는 응답을 할 때마다 챗봇이 주제를 유지하며 대화를 복귀시키려면 주제와 관련 없는 발화 유형들에 대한 데이터베이스 구축도 필요할 것이다. 학습자의 오류 발화도 유형별로 정리하여 데이터베이스로 구축하면 챗봇은 학습자의 오류 유형에 따라 적절한 피드백을 내보낼 수 있을 것이고, 학습자의 출력 활동에 도움이 될 것이다.

학습자 대화 처리

학습자가 실제 문법이나 어휘 등의 오류를 생성했을 경우에 대한 처리 방안 또한 챗봇의 대화 처리에서 중요한 비중을 차지한다. 그러나 챗봇은 말하기 연습을 위한 도구다. 챗봇과 학습자의 상호작용을 통해 학습자의 성공적인 의사소통을 이끌어 내고 이것이 학습으로 이어지게 하는 것이 주 목적이다. 그러기 위해서 챗봇 설계는 정확성뿐만 아니라 유창성에도 초점을 두어야 한다. 의사소통에 크게 지장을 주지 않는 사소한 문법 실수 및 오류까지 오류로 판단하면 말하기 연습 도구로서 적합하지 않을 수 있음에 유의해야 한다.

외국인을 위한 한국어 교육에서 오류를 분석하고 판별하는 목적이 이론적인 데 있는 것이 아니라 교육적인 데 있는 경우에는 오류에 대한 정의 및 판별 기준 또한 달라져야 한다. 오류는 정확한 규칙을 모르기 때문에 발생하는 학습자의 언어에 나타난 일탈이라고 규정되기도 한다(Corder, 1971). 그러나 교육적인 목적에서의 오류는 좀 더 넓은 관점에서 바라봐야 한다. 한국어의 문법 규칙은 외국인의 입장에서는 매우 생소하고 어렵게 느껴질 것이다. 또한 한국어는 교착어적인 특수성을 지니고 있어 학습자들은 수많은 문법 요소들을 자주 빠뜨리거나 문법 요소들을 헷갈려 하기도 한다. 비슷한 문법 요소들이 많은 것도 한국어의 어려운 점 중의 하나다. 따라서 문법 연습이 아닌 말하기 연습에서는 크게 맥락에 지장을 주지 않고 형태소 분석이 가능한 범위 내에서는 어느 정도 오류를 용인해 줄 필요성이 있다.

즉, 문법적으로 형식에 맞는 적합성과 상황이나 맥락에 맞는 적절성을 기준으로 오류를 판단해야 한다. 이는 문법적인 형식이 어긋나지 않아도 상황 맥락에 맞지 않으면 오류로 판단한다는 것이다. 또한 문법의 큰 틀을 유지하면서 해독 가능한 경우 즉, 비문법적이나 이해 가능한 문장은 용인성이 높다고 판단하여 챗봇은 비문 처리를 하지 않는 것이 좋다. 반대로 비문법적이면서도 동시에 이해가 불가능한 문장은 용인성과 문법성이 모두 낮은 것으로 보고 비문으로 처리하는 것이 좋다.

즉, 문법적으로 판단하는 범위를 넓게 잡아 오류 판단 기준을 설정하는 것이 바람직하다. 오류 판단 기준을 설정할 때는 오류의 층위, 범위, 영역 등이 두루 고려되어야 한다. 학습자의 응답이 오류일 경우에는 오류 판단 기준에 따라 오류의 정도를 분석한 후 다음의 대화 처리로 이동해야 한다. 말하기 연습용 챗봇의 경우에는 학습자의 발화에 오류가 없으면 정답으로 인식하고 다음 대화로 이동한다. 2개 이하의 국소적 문법 오류로 형태소 분석에 큰 무리가 없는 수준인 경우에는 다음 대화로 이동하며 주제 대화 종료 후에 학습자가 범한 오류를 피드백으로 제시한다면 효과적인 말하기 학습 도구가 될 것이다. 오류가 3개 이상인데 오류들이 국소적 문법 오류, 어휘 오류, 불완전한 문장, 비문, 침묵 등인 경우에는 챗봇이 발화 유도 전략을 사용해서 학습자에게 재응답을 하게 하는 프로세스로 대화를 처리하는 것이 좋다.

2개 이하의 국소적 오류의 예는 "보통 어디에서 공부해요"라는 챗봇의 질문에 학습자가 "도서관 공부해요"와 같은 대답을 한 경우다. 3개 이상의 국소적 문법 오류의 예는 "지금 날씨가 어때요?"라는 챗봇의 질문에 학습자가 "많이 비 왔어요"라고 대답하는 경우다. 이 대답은 시제 오류, 조사 누락, 부사의 위치 등의 오류들이 있는 답이다.

대화가 끊이지 않고 자연스럽게 처음부터 끝까지 이어 나가는 것도 말하기 연습을 하는 데 중요한 부분이므로 대세에 큰 지장을 주지 않는, 즉, 치명적인 오류가 아닌 경우에는 대화 종료 후 피드백으로 제시하는 것도 좋은 방법이다.

학습자가 챗봇과 학습에 유의미하고 성공적인 대화를 하기 위해서는 대화 맥락을 유지하면서 해당 주제에 대한 대화를 이어 나가야 한다. 따라서 학습자가 형태적으로 비문인 오류를 생성할 때뿐만 아니라 대화 주제에 맞지 않는 대화 혹은 대화 상황에 맞지 않는 대화를 할 때에도 챗봇의 발화 유도 전략 혹은 대화 복귀 기능이 필요하다. 또한 챗봇의 기술적인 부분을 고려하여 학습자가 질문에 대한 대답을 회피하거나 애매하게 할 경우에 대한 대화 처리도 필요하다.

주제에 적합한 대답을 했는지를 판단하기 위해서는 시나리오의 정교화 작업이 필요하다. 대화의 종류를 크게 세 가지 유형으로 분류했을 때 관계 중심적 대화에는 학습자의 대답 유형이 '네, 아니요'로 나뉠 수 있다. 과제 중심적 대화에 속하는 경우에는 제안이나 부탁에 대한 수락, 거절, 찬성, 반대, 동의, 비동의, 긍정, 부정 등으로 나뉠 수 있다. 따라서 학습자의 대답이 주제에 맞지 않는 대답으로 인식이 되지 않으려면 위 대화들의 경우 학습자가 어느 쪽으로 대답을 해도 그에 따라 대화가 유지될 수 있도록 시나리오를 정교화해야 한다(서지혜, 2022).

그런데 학습자들은 두 가지 경우의 대답 외에도 대답을 회피하거나 침묵할 수 있다. 이때는 챗봇이 발화 유도 전략을 사용해서 학습자가 재응답을 하게 한다. 학습자가 챗봇이 질문한 내용 외의 내용까지 포함한 부가 정보 응답을 한 경우, 그 부가 응답이 해당 주제에서 벗어나지 않으면 다음 대화로 이동한다. 또한 부가 응답이 챗봇의 다음 질문에 대한 답일 경우 다음 질문은 생략한다. 그러나 부가 응답이 해당 주제에 맞지 않는 경우에는 주제에 적합하지 않은 대답으로 판단해 챗봇이 발화 유도 전략을 사용하여 학습자가 다시 대답하게 하도록 하는 대화 처리 방안을 설계한다.

이와 같이 챗봇은 학습자의 오류 발화에 대한 처리뿐만 아니라 학습자가 주제에 어긋난 발화를 했을 시, 적절한 대화 처리가 설계되어야 학습 도구로서 기능할 수 있다. 즉, 학습자가 오류를 생성했다면 학습자가 스스로 알아차리게 해야 하고 학습자들이 다시 정문을 출력해 낼 수 있도록 챗봇은 도우미 역할을 할 수 있어야 한다.

챗봇과 학습자 간 이루어진 대화의 저장 또한 챗봇이 갖춰야 할 중요한 기능이다. 대화의 턴이 진행될수록 챗봇이 대화의 맥락을 유지하고 대화가 끝난 후에 학습자에게 피드백을 주기 위해서는 학습자 발화가 저장되어야 하기 때문이다. 학습자의 발화를 저장하면 처음 챗봇과 말하기 연습을 시작했을 때부터 현재까지 말하기 실력의 향상 여부를 파악해서 학습자에게 보여 줄 수 있다.

챗봇의 학습자 발화 유도 전략 및 피드백

단순히 정답 맞히기 식의 학습 도구에서 벗어나 챗봇을 통한 대화 연습이 습득으로 이어지게 하려면 학습자가 정답을 도출해 내도록 적절한 피드백을 줘야 한다.

학습자는 자신이 표현하고자 하는 것과 표현하지 못하는 것의 차이를 알아차렸을 때 자신의 지식을 총동원해서 한계를 뛰어넘으려 노력하게 되고 이때 습득이 이루어진다. 또한 학습자가 자신의 출력이 맞는지 틀렸는지 이해 가능해야 그것이 습득으로 이어진다. 따라서 챗봇은 학습자의 응답이 오류인지 아닌지에 대한 적절한 피드백을 제공해야 하며, 오류를 생성했을 시에는 정답을 도출하도록 유도하는 장치들이 마련되어야 한다.

챗봇에는 교실 수업에서의 교사 발화 전략이 활용되어야 한다. 교사는 학습자가 성공적인 의사소통을 할 수 있도록 학습자와 끊임없이 소통을 한다. 제2언어 교수의 목표는 목표어로 의사소통을 할 수 있도록 학습자들의 제2언어 능력을 개발하는 데 있다. 따라서 성공적인 의사소통을 위해서 학습자와 교사 혹은 학습자와 학습자가 끊임없이 교실에서 상호작용을 하는 것이 이상적인 교실 상황이라고 할 수 있다. 특히 교실 상황에서의 학습자와 교사의 상호작용은 교사가 학습자의 오류를 수정하는 것이다. 즉, 학습자에게 피드백을 주면 학습자가 반응을 하는 의미 협상을 통해 지속적으로 대화를 지속해 나간다. 이렇듯 교사의 발화와 피드백에 관한 연구들이 많은 것도 그만큼 교사의 피드백을 통한 오류 수정이 제2언어 학습에 중요하다는 주장을 뒷받침한다.

학습자의 오류 발화에 대해 교사의 피드백을 수정의 주체에 따라 분류할 수 있다(Lyster & Ranta, 1997). 교사가 수정을 제공하는 경우와 교사가 학생의 오류 수정을 유도하는 경우로 분류할 수 있는데 전자는 명시적인 수정이고 후자는 명시적이지 않은 수정이다.

챗봇 사용을 통해 자기 주도 학습을 해야 하는 상황에서 학습자가 오류를 알아차리게 해 주고 학습자 스스로 인지 전략을 사용하게 하는 것이 언어 습득에 효과적일 수 있다. 챗봇이 명시적으로 오류를 수정해 주는 것은 학습자의 학습의 내재화에 효과적이지 않으며 퀴즈 형식의 답 맞추기 대화를 초래할 수 있다. 챗봇은 자기 주도 학습 도구인 만큼 학습자가 정답을 도출해 내기 위해 최대한 스스로 인지 전략을 선택할 수 있는 대화가 제공되어야 한다.

챗봇은 학습자와 상호작용을 통해 학습자가 배운 어휘와 문법을 내재화하고 성공적인 의사소통을 하는 데 목적이 있다. 따라서 학습자가 오류를 범하면 챗봇은 힌트를 주거나 도움을 주는 역할을 한다. 이때 챗봇은 바로 답을 제시하거나 틀렸다고 대화를 종료한다거나 다음 질문으로 바로 넘어가듯 퀴즈 형식의 발화를 주고받는 상황은 지양해야 한다.

따라서 챗봇의 발화 유도 전략은 재응답 요구하기, 바꿔 질문하기, 설명하기, 응답 대기하기, 되질문하기, 기다리기, 칭찬하기 등으로 설정하는 것이 효과적이다.

재응답 요구하기는 챗봇과 학습자 간의 의사소통에서 학습자가 발화한 특정 내용이나 형식에 모호한 부분이 있을 경우 챗봇이 학습자에게 그 부분을 명확히 말할 것을 요구하는 발화다. 바꿔 질문하기는 유의어나 유사한 문법 표현으로 대치하여 설명하는 방법으로 학습자가 질문을 이해하지 못했을 때 챗봇이 좀 더 쉬운 문법 및 어휘를 사용해서 질문하는 것이다. 그러면 학습자의 이해를 도울 수 있다. 되질문하기도 응답 대기하기와 마찬가지로 학습자에게 시간을 제공하기 위한 전략이다. 학습자의 이해를 돕고 생각할 시간을 제공할 수 있는 방법으로 같은 질문을 반복하다. 기다리기는 학습자에게 생각할 시간을 충분히 주어 학습자가 자신이 알고 있는 지식들을 총동원하여 정답을 도출해 내도록 돕는 전략이다. 학습자는 이 시간 동안 자신이 배운 문법과 어휘 중 무엇을 사용할 줄 알고 그러지 못한지를 깨닫게 된다. 그리고 이는 학습자가 배운 문법과 어휘를 사용해서 발화로 표현해 내는 방법을 강구해 내는 시간이므로 챗봇의 중요한 발화 유도 전략 중 하나다. 이 하지만 기다리기 전략은 학습자가 오류를 생성했을 때, 먼저 다른 전략을 사용하여 학습자가 다시 대답하게 하고 학습자의 재응답도 틀렸을 때 가장 마지막으로 사용하는 것이 좋다.

다음으로 학습자가 주제와 완전 동떨어진 엉뚱한 대답을 하는 경우 등을 대비하여 챗봇의 대화 복귀 전략도 설계해야 한다. 학습 주제와 동떨어진 학습자 발화 유형에는 다음과 같은 것들이 있다. 주제나 질문에 전혀 관계가 없는 응답, 챗봇의 질문에 응답하지 않고 챗봇에게 역으로 질문하는 경우, 학습자가 어휘를 물어보는 경우 또는 비속어를 사용한다거나 노래를 부르는 등의 돌발 행동 등이 있다. 이런 발화들을 유형화하여 상황에 맞게 챗봇의 대응과 대화 복귀 기능 또한 마련되어야 한다.

챗봇의 발화 유도 전략 중 칭찬하기는 학습자의 오류에 대한 피드백이 아니다. 학습자의 발화에 대한 긍정적 피드백이라고 할 수 있다. 칭찬은 제2언어 교수 현장에서 교사들이 자주 사용한다. 칭찬은 그리 단순한 피드백이 아니다. 칭찬 빈도, 칭찬 내용, 칭찬 대상에 따라 칭찬의 효과는 차이가 있으며, 효과적인 칭찬은 학습자와의 상호작용 및 학습자의 발화 의지를 촉진한다. 이와 같은 칭찬 및 격려 발화를 적재적소의 상황에서 챗봇이 한다면 학습자의 학습 동기를 부여하고 학습 참여를 촉진할 수 있을 것이다. 그뿐만 아니라 칭찬은 학습자에게 자신감을 부여할 수 있다. 또한 학습자가 현재 자신의 학습 상황 및 결과를 파악할 수 있게 해 주는 역할도 한다. 이러한 챗봇의 칭찬 발화는 챗봇의 발화에 자연스러움을 더해 준다. 학습자가 인공지능과 이야기한다는 느낌을 덜어 주며 챗봇과 학습자와의 상호작용을 촉진할 수 있다.

출력 활동을 통한 언어 습득이라는 교육적 목표를 가지고 이러한 챗봇의 대화 처리 방안 및 발화 유도 전략을 적용하여 시나리오를 설계하면 학습에 유의미한 교육용 대화문을 작성할 수 있을 것이다. 이러한 과정을 거쳐서 작성된 교육용 대화문은 챗봇이 학습자와 대화 맥락을 유지하며 자연스럽고 유의미한 대화를 이어 나갈 수 있게 한다. 또한 학습자가 배운 문법과 어휘를 사용하여 이야기할 수 있어서 말하기 연습용 도구로서 기능할 수 있다. 챗봇의 발화 유도 전략은 학습자가 자신의 지식을 총동원하여 중간언어 단계를 극복하고자 노력하게 하여 언어 습득이 일어날 수 있도록 한다. 다시 말하면 학습자가 자신의 출력이 이해 가능하도록 챗봇은 적절한 피드백을 주어 자신의 출력이 습득으로 이어지게 한다.

참고문헌

서지혜(2022). "한국어 말하기 연습용 인공지능 챗봇의 내용 구성 방안 연구". 연세대학교 대학원 박사 학위 논문.

Corder, S.(1971). Idiosyncratic dialects and error analysis. *International Review of Applied Linguistics in Language Teaching, 9*(2), pp.147~160.

Lyster, R. & Ranta, L.(1997). Corrective feedback and learner uptake: Negotiation of form in communicative classrooms. *Studies in Second Language Acquisition, 19*(1), pp.37~66.

07
AI 챗봇 빌더

이제는 코딩 지식이 없어도 AI 챗봇 빌더를 사용하면 챗봇을 제작할 수 있다. 한국어 교사들은 학습 목표와 주제에 맞는 챗봇 대화를 직접 설계할 수 있다. 그렇다면 이러한 AI 챗봇 빌더는 한국어 말하기 연습 도구로 과연 적합한지에 대해 점검해 볼 필요가 있다.

AI와 애니메이션?

한국어 교육과 AI 챗봇 빌더

챗봇이 새로운 한국어 학습 도구로 각광받으면서 챗봇 빌더(Chatbot Builder)가 주목을 받고 있다. 챗봇 빌더는 본래 외국어 교육용으로 개발된 챗봇 설계 플랫폼이 아니다. 챗봇 빌더는 AI 챗봇을 제작할 수 있는 소프트웨어로 기업들에서 고객 상담, 티켓 구매, 길 찾기 안내 등의 목적으로 개발하여 여러 분야에서 활용하고 있다. 챗봇 빌더를 사용하면 별도의 코딩 지식 없이도 대화용 챗봇을 제작할 수 있다. 그뿐만 아니라 제작하는 사람이 원하는 대로 AI와의 대화를 만들어 나갈 수 있으며, 누구든지 기업에서 개발한 챗봇 빌더에 대한 접근이 가능하다. 이러한 장점들 때문에 외국어 교육 분야에서 챗봇 빌더를 학습 도구로 활용한 연구 및 실험들이 활발하게 진행 중이다.

한국어 수업에서 항상 언급되어 온 고질적인 문제 중 하나가 교실에서의 말하기 연습 부족이다. 교실 수업에서는 문법과 어휘를 배우는 데 많은 시간이 소요된다. 이로 인해 학습자들은 말하기를 연습해 볼 시간이 부족하고 실제로 교실 밖에서도 배운 어휘와 문법을 사용해 볼 기회가 적은 것이 현실이다. 이는 배운 것들이 습득으로 이어지기가 힘듦을 의미하기도 한다. 게다가 코로나19

감염증의 대유행으로 원격 교육이 급증하게 된 것도 신기술을 적용한 학습 도구 개발이 가속화된 배경이 된다.

챗봇 빌더는 누구나 쉽게 제작할 수 있다는 장점이 있고 사용자가 원하는 대화를 구현할 수 있어 영어 교육 분야에서는 2020년대 들어 학습 도구로서의 가능성에 대해 연구가 진행되고 있다. 교사는 챗봇 빌더로 손쉽게 챗봇을 제작하여 학습자들이 말하기, 듣기, 쓰기 연습 도구로 활용할 수 있다.

최근까지 이루어진 선행 연구들은 여러 챗봇 빌더를 소개하고 실제로 학습용 챗봇으로 제작하는 방법에 대해 제시하는 논문들이 다수다. 따라서 이러한 선행 연구들은 챗봇 빌더를 처음 접하거나 챗봇 빌더를 제작하려는 한국어 교사들에게는 큰 도움이 된다. 그러나 무엇보다 필요한 연구는 새로운 학습 도구로 각광받고 있는 챗봇 빌더가 과연 그 학습 효과가 있는지, 있다면 어느 정도의 학습 효과가 있는지를 검증하는 연구다.

한국어 말하기 연습 도구로서의 AI 챗봇 빌더

챗봇 빌더가 한국어 말하기 연습 도구로 적합성을 갖추려면 우선 전 세계 각각 학습자의 한국어 발음 인식이 잘 되어야 한다. 그리고 학습자가 배운 어휘와 문법을 사용하여 학습한 주제에 대해 챗봇과 이야기를 나눌 수 있도록 내용이 구성되어야 한다. 또한 학습자들이 성공적인 출력 활동을 할 수 있도록 챗봇은 단순히 대화 상대자가 아닌 도우미 또는 교사의 역할을 어느 정도 담당하여 상황에 따라 학습자에게 적절한 피드백을 줄 수 있어야 한다.

챗봇의 대화 내용과 챗봇의 피드백은 충분히 한국어 교사가 챗봇 빌더상에서 제작이 가능하다. 그렇다면 과연 챗봇 빌더는 한국어 말하기 연습 도구로 적합할까? 이를 위해 챗봇 빌더를 직접 제작하여 한국어 학습자들을 대상으로 다음과 같은 실험을 진행했다.

실험 절차는 먼저, 챗봇 빌더를 선정하고 그다음에 실험 참여자를 선정했다. 그리고 시나리오를 설계한 후 교육용 대화문을 작성했다. 작성한 교육용 대화문에 따라 챗봇과 학습자 간 대화를 설계했다. 이때, 챗봇의 질문에 대한 학습자의 대답에서 정답으로 간주되는 것들은 모두 챗봇 빌더가 정답으로 인식할 수 있도록 제작해야 한다. 따라서 학습자가 챗봇 빌더와의 대화를 진행할 때 '미션'을 부여하면 정답으로 인정할 수 있는 발화의 범위가 축소되어 챗봇 빌더 제작에 용이하다.

다음으로는 학습자가 주제와 맞지 않는 발화를 하거나 학습자가 몰라서 대답을 못할 때, 챗봇이 적절한 피드백 및 반응을 하도록 대화 처리를 설계해야 한다. 설계가 끝난 후 말하기 연습용 챗봇 빌더를 학습자들이 사용하기 전에 교사는 수업을 진행해야 한다. 수업이 끝난 후 학습자들이 교사가 제작한 챗봇 빌더로 말하기 연습을 한 후에 최종적으로 학습자와 챗봇 간 이루어진 대화 양상을 분석했다.

위의 절차를 거쳐 실제 한국어 학습자들과 챗봇 빌더의 대화가 잘 이루어지는지, 학습에 유의미한 대화가 오고 갈 수 있는지, 챗봇 빌더의 대화 처리가 원활한지를 분석했다. 먼저, 학습자들은 교실 수업에서 배운 내용들이 잘 학습되어 있어 챗봇의 질문에 몰라서 대답을 하지 못한 경우는 드물었다.

무엇보다 학습자가 챗봇 빌더와의 대화 진행에서 어려워했던 점은 발음 인식이 잘 안 된다는 점이었다. 챗봇의 대화 처리가 부정확한 경우 중 다수가 학습자 발음 인식 오류인 것으로 나타났다. 챗봇 빌더는 언어 교육용으로 제작된 챗봇이 아니기 때문에 외국인의 정확하지 않은 발음을 잘 인식하지 못하는 것으로 나타났다.

외국어 교육용 챗봇은 언어권별 학습자 발음의 특징에 대한 학습이 되어 있어 한국어 모어 화자만큼 정확하고 자연스러운 발음이 아니어도 발화의 정확성이 많이

떨어지지 않는 한 학습자의 발음이 인식된다. 그에 비해 외국어 교육용 챗봇이 아닌 경우에는 외국인 학습자들의 발음을 제대로 인식하지 못하는 경우가 많다.

예를 들면, 학습자가 "매워요"라고 한 발화를 "외로워요"라고 인식하거나 "네"라고 한 대답을 "내일"로 인식하는 등 학습자의 발음 인식률이 높지 않았다. 실험에 참여한 학습자들의 한국어 실력이 초급이 아니었음에도 한국어 모어 화자와 같은 완벽한 발음이 아닌 경우에는 학습자의 발화를 인식하지 못하는 것을 알 수 있었다.

다음으로 챗봇 빌더는 학습자 오류에 대한 처리가 부정확한 것으로 나타났다. 특히, 학습자가 조사 사용, 어미 활용 등을 제대로 사용하지 못했는데도 정답으로 인식하는 경우들이 있었다. 챗봇 빌더가 한국어의 조사, 어미, 문장 구조에 대한 학습이 완전히 이루어지지 않은 것으로 보인다. 물론, 챗봇과의 대화가 목표인 경우에는 말이 통하면 조사 정도의 실수는 넘어갈 수도 있을 것이다. 하지만 한국어 말하기 연습용으로 챗봇과 대화하는 한국어 학습자들에게 조사와 어미 사용은 성취해야 할 학습 목표다.

위와 같은 분석 결과를 봤을 때, 챗봇 빌더를 통한 자기 주도 학습은 다소 어려울 수도 있다. 학습자의 숙달도에 따라 다르겠지만 챗봇 빌더가 정확한 피드백을 주지 않는다면 학습자는 자신의 발화 중 어느 부분이 틀렸는지 알 수 없기 때문이다. 이 경우 추후 교사의 피드백을 받아야 학습이 이루어질 수 있다.

이처럼 챗봇 빌더는 학습자가 교실 수업에서 배운 문법과 어휘를 사용해서 챗봇과 말하기 연습을 할 수 있다는 점에서 학습 도구로서의 그 잠재력이 있었다. 그렇지만 실제 학습 도구로서의 가능성을 점검해 본 결과 학습자 발음 인식과 한국어 문장 구조의 이해 면에서 한국어 학습 도구가 지녀야 할 요건만큼의 정확성을 아직 갖추지 못한 것으로 나타났다. 따라서 다만 학업 성취도가 높거나 숙달도가 높은 학습자들이 사용한다면 발음 인식이 더 원활할 것으로 보인다.

이러한 문제점들이 있음에도 학습자들이 챗봇이라는 도구에 대해 흥미를 느끼고 챗봇과 대화를 이어 나가는 데 부담감이 없는 모습을 보였다. 시간과 장소에 구애받지 않고 사용할 수 있다는 점에서 학습 보조 도구로서의 가능성이 높다고 할 수 있다.

챗봇 빌더는 교사가 학습자들의 수준, 학습 목표, 학습 내용에 따라 대화를 제작할 수 있는 맞춤형 학습 도구나 학습 보조 도구로서 유용하게 사용될 수 있는 장점을 지니고 있다. 따라서 교실 수업을 운영하는 교사 입장에서는 부족한 말하기 시간을 챗봇 빌더를 통해 확보할 수 있고, 교수요목에 맞춰 챗봇 빌더를 제작해 학습자에게 제공할 수 있다. 즉, 챗봇 빌더는 해당 학기 학습자들에게 맞춤형 말하기 연습 도구가 되는 셈이다.

물론 챗봇 빌더를 제작할 때는 교수요목에 맞춰 설계한 시나리오에 따라 교육용 대화문을 제작해 학습자와 챗봇과의 대화가 학습에 유의미하도록 설계해야 한다. 그뿐만 아니라 챗봇의 각 질문에 대한 학습자의 예상 가능한 답변을 모두 처리할 수 있도록 설정을 해야 한다. 또한 챗봇이 주제에 어긋난 응답을 학습자가 할 때 등의 상황에 대처할 수 있는 대화 알고리즘을 만들어 넣어야 한다. 이와 같은 과정을 거쳐 제작한 챗봇 빌더는 말하기 연습용 챗봇으로 사용될 수 있는 요건을 갖추고 있다. 따라서 향후 챗봇 빌더의 학습자 발음 인식과 한국어 문장 구조 이해에 대한 부분이 향상된다면 효과적인 학습 도구로 활용될 수 있을 것이다(서지혜, 2023).

참고문헌

서지혜(2023). "한국어 말하기 연습 도구로서의 챗봇 빌더의 적합성 검증 연구". 《문화와 융합》, 45(1), 61~70쪽.

08

한국어 말하기 연습용 AI 챗봇의 효용성

AI 챗봇은 학습자가 자기 주도적으로 학습하는 학습 도구다. 따라서 학습에 유의미한 대화를 설계함과 동시에 대화 전 단계와 대화 후 단계에 대한 학습 모형도 단계별로 구성되어야 한다. 대화를 시작하기에 앞서 학습자의 동기 및 흥미 유발할 수 있어야 하며, 대화가 종료된 후에는 학습자가 자신의 발화에 대한 평가를 한눈에 볼 수 있도록 설계되어야 한다.

AI와 인재 채용?

챗봇의 학습 모형

챗봇의 대화는 단계별로 구성이 되어야 한다. 먼저 주제 대화 전 단계에서는 학습자의 동기 부여 및 흥미 유발이 이루어져야 한다. 또한 학습자가 대화 주제를 선택하면 배경 지식 활성화 등이 이루어져야 하는데 이러한 역할을 챗봇이 해야 한다. 주제 대화 단계를 거친 후에는 주제 대화 후 단계로 넘어가 학습자 발화에 대한 평가가 이루어져야 한다.

학습자가 스스로 챗봇을 사용해서 말하기 연습을 하게 하려면 챗봇은 학습자에게 학습 동기를 유발해야 한다. 학습 동기를 유발하는 데는 학습자가 배운 문법과 어휘를 확인 및 점검할 수 있는 도구로서의 기능을 갖춰야 한다. 그뿐만 아니라 대화의 주제가 실생활로의 전이 가능성이 높아야 한다. 학습한 내용을 직접 연습해 볼 수 있고, 나아가 실제 생활에서 사용할 수 있는 주제의 대화들을 할 수 있다면 학습자들은 분명 챗봇에 흥미와 필요성을 느낄 것이다.

주제 대화 단계에서는 학습자가 자기 관리를 하면서 대화를 진행해 나갈 수 있도록 챗봇이 설계되어야 한다. 즉, 학습자는 자신이 아는 것과 모르는 것, 잘하는 것과 못하는 것에 대해 알아차리고, 챗봇과 성공적인 의사소통 및 지식 습득을 위해 인지 전략을 사용하고, 이 모든 과정을 스스로 모니터링하게 되는데, 챗봇은 이러한 모니터링을 돕는 역할을 해야 한다. 이를 위해 챗봇은 학습자 발화 유도 전략을 다양하게 사용해야 하는데, 이에 대한 설명은 앞장에서 다루었다.

다음으로 주제 대화가 종료된 후에는 학습자 스스로 자기 평가를 할 수 있도록 챗봇이 설계되어야 한다. 챗봇과 학습자 간의 대화, 즉, 학습 결과가 학습자에게 이해하기 쉽도록 제시되어야 하고 학습자가 스스로 학습 상황을 점검하고 관리할 수 있도록 구성되어야 한다.

챗봇과 학습자 간 대화 분석

한국어 학습자들이 챗봇과 진행한 대화 양상을 살펴보기 위해 실제 이미 개발된 챗봇 중 세종학당재단에서 개발한 '세종학당 AI 선생님'을 활용해 보았다. '세종학당 AI 선생님'은 한국어 말하기 연습 도구의 기능을 하고 있기 때문에 학습자와 챗봇 간 대화를 진행한 후 대화 결과를 분석해 보았다.

대화 분석 결과, 먼저 '세종학당 AI 선생님'은 한국어 교육용 챗봇인 만큼 외국인 학습자들의 부정확한 발음 인식에 대한 오류는 적은 편으로 나타났다. 따라서 학습자의 한국어 발음 인식이 원활하게 되지 않아서 대화가 제대로 이루어지지 않는 경우는 드물었다.

챗봇의 대화 처리 과정에서는 다음과 같은 현상이 나타났다. 첫 번째로, 챗봇이 학습자 조사 오류 및 생략, 용언 활용 오류 등을 정문으로 인식하는 경우가 많았다. 한국어는 영어 등의 다른 언어와 다르게 교착어에 속하므로 명사에 많은 조사들이 붙고 어근에 다양한 접사들이 붙는데, 이 모든 경우의 수를 챗봇이 아직까지는 정확하게 구별해 내지 못하는 경우가 발생함을 알 수 있었다.

특히 한국어 초급에서 배우는 문법들은 대부분 조사 및 용언 활용형이 많다. 따라서 초급 학습자들은 말하기 연습을 하면서 배운 문법을 복습하고 이 활동이 습득으로 이어져야 진정한 말하기 연습 및 학습이 될 수 있다. 그렇기 때문에 초급 학습자가 이 챗봇을 사용하여 말하기 연습을 하면 자신의 대답에 대한 정확한 피드백을 받지 못할 수도 있다.

두 번째로 챗봇의 질문이 구체적이고 명확하지 않은 경우들이 있었다. 예를 들어, "저에게 한국 생활에 대해 이야기해 주세요"라는 챗봇의 질문이 있었는데 학습자는 이에 구체적으로 어떤 대답을 해야 할지 당황해하고 "한국에 온 지 두 달 됐어요"라고 대답했다. 그러자 다시 챗봇이 "한국에 온 지 얼마나 됐어요?"라는 질문을 던졌다. 이와 같이 챗봇의 질문이 구체적이지 않으면 학습자의 대답 양상이 너무나도 다양해진다. 또 각각의 대답에 따른 챗봇의 대화 처리도 힘들어질 뿐만 아니라 대답한 내용을 질문하는 경우도 생긴다.

마지막으로 챗봇의 학습자에 대한 발화 유도 전략이 정교하지 않은 편이었다. 학습자의 발화에 오류가 있을 때, 챗봇은 학습자의 오류 유형별 피드백이 다양하지 않았고 학습자가 자신의 오류를 알아차리고 정문을 도출해 내도록 챗봇의 피드백이 정교하지 않았다.

반면에 앞서 언급했듯이 외국인 학습자의 발화 인식이 잘되는 편이고 숙달도별 · 주제별 대화를 선택해서 연습할 수 있었다. 또 학습자가 자신의 대화 내용을 직접 확인할 수 있는 기능이 있어 학습자 맞춤형 학습 도구의 특징을 지니고 있다는 점도 확인할 수 있었다.

챗봇과 학습자 간 대화 양상 분석은 '세종학당 AI 선생님'을 대상으로만 하였고, 다른 기개발 챗봇들 중 한국어 말하기 연습 도구로서 기능할 수 있는 챗봇들은 또 다른 성능을 지니고 있을지도 모른다. 무엇보다 한국어 말하기 연습용 챗봇은 대화를 통한 언어 습득이 가능해야 학습 도구로서 기능할 수 있다(서지혜, 2025).

학습자 평가

한국어 말하기 연습용 챗봇은 자기 주도적인 학습 도구인 만큼 대화 종료 후에는 학습자 스스로 학습 결과를 확인할 수 있도록 대화에 대한 평가가 제시되어야 한다. 이 단계는 자기 주도 학습을 완성시켜 주는 단계라고 할 수 있다. 즉, 자기 성찰의 단계이자(Zimmerman, 2000) 스스로 모니터링하는 단계다(Garrison, 1997).

챗봇은 말하기 학습 도구이니만큼 학습 결과에는 말하기에 대한 피드백이 포함되어야 한다. 또한 학습자가 발화한 내용에 대한 종합적인 평가가 이루어져야 한다. 크게 발음, 문장, 대화의 세 영역에서의 평가가 이루어져야 하는데 발음의 경우, 정확성, 억양, 속도 등의 요소들이 평가 내용이 되어야 한다. 발음에 대한 평가는 언어권별 학습자들의 빅데이터가 대량 구축되고 음성 인식 기술이 더 발달할수록 정확하고 자세하게 이루어질 것이다. 문장의 경우, 정확성, 문장 길이, 어휘와 문법의 수준 등이 고려되어야 한다. 숙달도별로 태깅된 어휘와 문법을 바탕으로 학습자가 구사하는 어휘와 문법을 분석하면 학습자가 몇 급 수준의 표현들을 사용할 수 있는지를 알 수 있다. 대화의 영역에서는 유창성이 고려되어야 하고 오류 없이 대화에 성공했는지, 챗봇의 발화 유도 전략

없이 매끄럽게 대화를 성공했는지를 고려한 종합적인 평가가 이루어져야 한다.

이러한 평가는 학습자 스스로 학습 상황을 점검하고 관리하는 데 매우 중요한 요소다. 학습자가 학습을 주도하는 상황에서는 현재 학습자의 학습 현황을 바로바로 파악할 수 있어야 한다. 그래야 학습자가 현재 학습이 잘되고 있는지를 확인할 수 있고 향후 학습 방법을 바꾼다거나 현재의 학습 방법을 고수한다거나 등의 계획을 세울 수 있다.

이와 같이 설계된 챗봇은 학습자가 대화를 종료한 후 바로 결과를 알 수 있고 자신의 히스토리를 확인할 수 있다. 따라서 학습자는 챗봇을 처음 사용하기 시작했을 때부터 현재까지의 성취도를 한눈에 알아볼 수 있어 자신의 실력을 스스로 점검할 수 있다. 이처럼 학습자가 자신의 실력이 점진적으로 향상되고 있는 것을 확인하면 자신감이 향상되고 더 확실한 동기 부여가 될 것이다.

참고문헌

서지혜(2025). "초급 한국어 말하기 연습 도구로서의 챗봇 분석 연구: 세종학당 AI 선생님을 중심으로". 《차세대융합기술학회논문지》, 9(2), 516~525쪽.

Garrison, D. R.(1997). Self-directed learning: Toward a

comprehensive model. *Adult Education Quarterly, 48*(1), pp.18~33.

Zimmerman, B. J.(2000). Attaining self-regulation: A social cognitive perspective. In Boekaerts, M. et al.(eds.). *Handbook of self-regulation*, pp.13~39. Academic Press.

09
한국어 말하기 연습용 AI 챗봇의 현재

한국어 교육에서 챗봇 개발이 활발히 이루어지고 있는 가운데 챗봇의 지속 가능한 발전을 위해서 진행되어야 하는 연구들이 있다. 챗봇이 실제 학습자들에게 얼마나 활용되고 있는지, 개발된 챗봇들에 대한 학습 효과는 어떻게 검증할 것인지, 챗봇을 통한 학습자 중심의 교육이 가능한지도 살펴봐야 한다.

AI와 기자?

챗봇의 실용화 및 학습 효과 검증

매체를 활용한 한국어 교육에 대한 연구는 2000년대부터 이루어지기 시작했고, 인공지능 기술을 적용한 연구는 2020년대에 들어서 활발하게 이루어지고 있다. 또한 코로나19 팬데믹으로 온라인 수업, 원격 수업, 신기술을 적용한 학습 도구 개발이 가속화되면서 한국어 교육의 패러다임이 변화하고 있다. 수업 방식이나 수업 자료 등에서도 폭넓은 변화를 모색하고 있다(정희연 · 윤지원, 2021).

앞서 언급했듯이 챗봇 개발 또한 활발히 진행되고 있다. 챗봇을 언어 교육에 적용한 연구들도 많이 이루어지고 있다. 챗봇은 목표 언어에 대한 노출 빈도가 거의 없는 국외 거주 학습자들에게도 유용한 학습 도구가 될 수 있다. 그뿐만 아니라 학습자들은 사람들과 대화할 때보다 챗봇과 대화할 때 심리적으로 편안함을 느끼고 학습자들의 흥미를 유발한다는 연구 결과도 있다(Fryer et al., 2020).

이렇게 챗봇이 개발되고 있는 만큼 한국어 교육 현장에서 챗봇을 받아들일 준비가 되어 있는지, 개발되는 챗봇은 학습 효과를 갖추고 있는지 이 시점에서 점검을 해봐야 한다.

최근 한국어의 위상이 높아지면서 한국어 학습자들이 전 세계에 분포해 있다. 그런데 국가 상황에 따라서 인터넷 연결이 원활하지 않은 나라도 있을 수 있고 스마트폰 앱 실행에 문제가 있을 수도 있다. 또 학습자들이 사용하는 인터넷 웹사이트 환경에 따라 챗봇 작동이 잘되지 않을 수도 있다. 만약 학습자가 교실 수업을 듣지 않고 스스로 공부하는 상황에서 챗봇을 사용하여 말하기 연습을 한다면 이와 같은 상황에 직면할 수 있다.

한편, 교실 수업을 듣는 학습자들의 경우, 수업에서의 부족한 말하기 시간을 확보하기 위한 목적으로 얼마나 많은 학습자들이 챗봇을 사용할지에 많은 한국어 교사들의 의구심을 가지고 있다. 시대가 급변하고 있지만 아직까지 대부분의 한국어 교육 현장은 교재를 가장 중심에 둔 아날로그 방식으로 운영되고 있는 것이 현실이다. 이 방식이 나쁘다는 것이 아니다. 하지만 이러한 현실에서는 만약 챗봇이 사용된다고 하더라도 수업의 극히 작은 부분을 차지하는 보조적 수단에 머물러 있는 수준일 것이다. 따라서 학습자들이 챗봇을 얼마나 사용하고 있고 어떻게 사용하고 있는지를 살펴보고 파악해야 향후 챗봇이 더 발전하는 데 보완점을 제공할 수 있을 것이다.

그뿐만 아니라 실제로 한국어 교육용 챗봇이 많이 개발되고는 있으나, 범용성을 띤 챗봇은 아직 찾아보기가 힘들다. 범용성을 갖춰야 모든 교수요목을 아우를 수 있다. 예를 들어 대학 기관에서 한국어를 배우거나 대학 기관에서 출판된 교재를 사용해 한국어를 배우는 학습자들에게 가장 적합한 말하기 연습용 챗봇은 해당 대학 기관의 교수요목을 기반으로 개발된 챗봇일 것이다. 그래야 자신이 학습한 내용을 챗봇을 통해 복습하거나 연습해 볼 수 있다. 이와 같이 챗봇 사용자가 많을수록 챗봇 사용에 대한 피드백도 풍부하게 얻을 수 있다. 또한 사용자의 빅데이터가 쌓이면 이는 한국어 교육의 소중한 연구 자료이자 교육 자료가 될 것이다. 결과적으로 이러한 모든 자료들은 챗봇의 발전에 기여하게 될 것이다.

마지막으로, 현재 시점에 중요한 것 중의 하나가 학습 효과 검증이다. 기개발된 챗봇들은 많으나 이들이 실제로 학습 효과를 지니고 있는지, 지니고 있다면 어느 정도의 학습 효과를 지니고 있는지를 검증할 검증 도구 또는 검증 방법이 아직 개발되거나 연구되지 않는 실정이다. 이 또한 챗봇이 한국어 학습 도구로 자리 잡기 위해 반드시 거쳐야 할 필수 과정이다. 따라서 개발 이후의 후속 연구들도 이루어져야 할 것이다.

학습자 중심 교육의 실현 가능성

한국어 교육이 의사소통 중심 교수법으로 변화하면서 교사 중심의 수업에서 학습자 중심 수업으로 초점이 옮겨지고 있다. 또한 매체를 활용한 교수법, 최첨단 기술을 접목한 학습 도구들 또한 학습자 중심의 교육에 초점을 두고 개발되고 있다. 최첨단 기술을 적용한 학습 도구들은 대부분의 기술들이 정보 통신 기술과 과학 기술의 결합으로 이루어진 것들이기 때문에 시간과 공간을 초월하여 사용이 가능하며, 학습자들이 주체가 되어 교사의 도움 없이 주도적으로 학습하는 시스템으로 설계되어 있다. 따라서 이러한 최첨단 기술을 적용한 학습 도구들은 최근 한국어 교육의 주요 교수법으로 떠오르고 있는 학습자 중심 교수법에 적합하다고 볼 수 있다.

챗봇은 접근의 용이성과 사용의 편리성을 갖춰 현대인들의 특징 및 생활 방식에 맞는 학습 도구다. 그뿐만 아니라 스마트러닝(Smart Learning)을 구현할 수 있는 도구이기도 하다. 즉, 스마트폰, 태블릿PC 등 스마트 기기와 이러닝(e-Learning) 신기술이 융합되어 학습자 중심의 맞춤형 학습 방법이다. 학습자는 자신의 흥미, 숙달도, 필요성 등에 따라 스스로 학습 내용을 선택할 수 있으며 학습자 개인의 속도에 맞춰 학습이 가능하다. 학습자가 주체가 되어 스스로 학습 상황을 컨트롤할 수 있는 학습 도구이기 때문에 획일화된 교실 수업에서 벗어나 개인 맞춤형 학습을 가능하게 한다.

또한 챗봇은 핵심 내용만으로 구성하여 짧은 단위의 학습 콘텐츠 제작이 가능하다. 숙달도별 · 주제별 대화 연습 콘텐츠들은 학습 시간이 오래 걸리지 않도록 제작되어 학습자들은 언제, 어디에서든지 부담 없이 챗봇과의 대화 연습을 할 수 있다.

이와 같은 특징들로 챗봇은 학습자 맞춤형 학습이 가능한 촉망받는 학습 도구다. 그렇다고 해서 모든 챗봇이 학습자 맞춤형 학습이 가능한 것은 아니다. 학습에 유의미하도록 설계가 되어야 하며 숙달도별 · 언어권별로 학습자의 특징이 반영되어야 하며 학습 주제 또는 과제도 학습자 스스로 선택이 가능하도록 설계되어야 한다. 그러나 이러한 프로세스를 거쳐서 개발된 챗봇들이 자기주도 학습 및 학습자 맞춤형 학습이 가능한지에 대한 검증 작업도 이루어져야 할 것이고, 이러한 검증 작업을 통해 나타나는 문제점들을 찾아서 챗봇을 보완해 나가야 할 것이다.

참고문헌

정희연·윤지원(2021). "온라인 동영상 한국어 수업에 대한 교사 인식 조사 연구". 《차세대융합기술학회논문지》, 5(1), 124~133쪽.

Fryer, L. et al.(2020). Bots as language learning now: Current and future directions. *Language Learning & Technology, 24*(2), pp.8~22.

10
한국어 말하기 연습용 AI 챗봇의 내일

인공지능이 몰고 올 한국어 교육의 미래는 어떤 모습일까? 그 누구도 쉽게 예측할 수는 없지만 한국어 교육의 발전을 위해 우리가 어떤 준비를 해 나가야 하는지에 대한 고민이 필요하다. 시대의 흐름에 발맞춰 한국어 교육만의 고유성을 지켜 나간다면 한국어 교육학의 미래는 밝을 것이다.

AI와 미래 의사?

미래 한국어 교육의 풍경

미래의 한국어 교실의 모습은 지금과 사뭇 달라져 있을 것으로 예상된다. 아니, 교실이 없을지도 모른다. 하루가 다르게 시대가 변화하고 있는 이 시점에 미래의 한국어 교실 풍경은 그 누구도 예측하기 어렵다. 그러나 최첨단 기술들이 적용된 학습 도구로 한국어를 배우는 학습자들의 모습은 예측 가능하다.

지금도 매체를 활용한 한국어 교육, 최첨단 기술을 적용한 학습 도구 연구, '디지털 네이티브'라고 불리는 학습자층을 고려한 교수법 연구 등이 에듀테크라는 큰 틀 안에서 이루어지고 있다. 이와 같은 흐름으로 보아 앞으로는 에듀테크에 대한 연구 및 개발이 더 가속화될 것으로 보인다. 따라서 다양한 매체를 활용하고 다양한 첨단 기술을 활용한 한국어 교육은 놀라운 속도로 발전할 것이고, 앞으로는 학습자들이 더 다양한 학습 도구로 한국어를 배울 수 있을 것이다.

자기 주도 학습이 가능하고 학습자 맞춤형 교육이 가능하며 학습 효과 또한 검증된 학습 도구라면 어쩌면 미래에는 한국어 교사 없이도 학습자들은 정확한 한국어를 배울 수 있을지도 모른다.

물론 사람 즉, 한국어 교사만이 가르칠 수 있는 것들

이 매우 많다. 섬세한 교수, 숙달도별 학습자들을 다루는 방식, 꼼꼼한 학습자 맞춤형 피드백, 인간에게서만 느낄 수 있는 정 등은 인공지능과는 다른 차별점이라는 게 아직까지의 많은 학습자 및 연구가들의 공통된 의견이다.

그러나 급속도로 발전하는 기술은 인간을 대체할 수 있을지도 모르고 예측할 수 없는 감염병 등의 전 세계적 유행은 우리의 삶을 다시 한번 바꿔 놓을지도 모른다. 그러나 한 가지 확실한 것은 우리는 앞으로도 다양한 시도를 해야 하고, 최첨단 기술을 활용한 새로운 학습 도구의 개발 및 상용화와 보편화에 힘써야 할 것이며, 급속도로 발전하고 있는 과학 기술의 발전 및 시대 변화에 뒤처지지 않도록 혁신적이며 새로운 연구들을 계속해야 한다는 것이다(강현화 외, 2023).

챗봇이 나아가야 할 방향

한국어 교육학이라는 학문이 처음 자리를 잡아 가기 시작했을 때는 전 세계적으로 한국어의 위상이 이렇게까지 높아지고 한국어를 배우는 학습자가 이렇게 많으리라고는 아무도 예측하지 못했을 것이다. 이 정도로 한국어 교육이 성장하게 된 데는 국가의 눈부신 경제 발전과 한류의 영향이 크다고 할 수 있다. 그러나 한국어 교육 전문가들의 끊임없는 노력과 연구의 결과이기도 하다.

이제는 한국어 주요 학습자층의 세대교체도 이루어졌고 하루가 다르게 학습자 맞춤형의 새로운 학습 도구들이 쏟아져 나오고 있다. 이 가운데 AI 챗봇도 예외는 아니다. AI 챗봇은 언어 교육에서뿐만 아니라 우리 인간의 일상생활에도 깊숙이 자리 잡고 있다. 가정마다 인공지능 스피커가 한 대씩 있는 모습은 이제 흔한 풍경이고 각자의 스마트폰에도 인공지능 앱이 탑재되어 있다. 기업들마다 운영하고 있는 콜센터 또한 인공지능으로 대체된 곳도 흔히 볼 수 있다.

이처럼 AI 챗봇은 우리에게 익숙하고 친숙한 도구가 되었다. 언어 교육에서도 이미 학습 도구로 활발하게 개발이 진행되어 학습자들이 사용하고 있다. 챗봇이라는 학습 도구가 가진 특징으로 보아 챗봇은 한국어 학습 도구로서 더 널리 사용될 가능성이 크다.

이러한 챗봇이 효과적인 학습 도구로 자리매김하고 더 나아가 성장하기 위해서는 더 많은 빅데이터가 구축되어야 하며, 학습자에 대한 요구 조사를 비롯하여 다각도의 학습자 분석도 이루어져야 한다. 즉, 학습자들에게 실제성 높은 대화 주제, 학습자들이 연습하고 싶어 하는 대화 주제는 무엇인지에 대한 요구 조사가 이루어져야 할 것이다. 또한 챗봇 사용자들의 국적, 언어권, 챗봇 사용 목적 등을 분석한다면 향후 챗봇 개발에 도움이 될 것이다. 그뿐만 아니라 기개발 챗봇들에 대한 학습 효과 검증 작업을 통해 보완점 및 개선점들을 분석하고, 학습자의 챗봇 사용 현황 등을 정기적으로 점검해야 할 것이다.

그러나 이러한 작업 및 연구들은 개인 차원에서는 진행하기 어려운 점들이 많다. 장기적인 관점에서 국가의 주도하에 대학 기관과 한국어 교육 전문가들이 힘을 모아 대규모의 연구가 진행된다면 지금과는 비교할 수 없을 만큼의 성장과 발전이 이루어질 것으로 기대된다.

제2언어 교육도 시대의 흐름에 따라 변화해 오고 있다. 이제는 제2언어 교육에서 말하기가 듣기, 읽기, 쓰기만큼이나 매우 중요한 시대가 되었다. 세계화 시대에 걸맞게 서울은 세계 여러 나라 사람들이 거주하는 국제도시가 되었고 세계 여러 나라에 한국 음식을 먹을 수 있는 한식당이 보이고 한국어를 할 수 있는 외국인들도 해외에서 만날 수 있는 시대가 되었다. 그뿐만 아니라 전 세계적으로 요즘 사람들은 해외여행을 자주 다니는

만큼 외국어로 말하기에 대한 관심도 높아지고 있다.

한국어를 배우는 외국인들이 날이 갈수록 증가하고 있는 가운데 외국어를 배우는 목적 또한 다양해지고 있다. 일반 목적 학습자들을 비롯해서 학문 목적 학습자, 이주 목적 학습자, 직업 목적 학습자 등 학습자들이 한국어를 배우는 이유도 제각각이다. 한국어를 배우는 목적은 다양해도 한국어를 배우는 학습자들의 공통된 목적은 한국어 모어 화자들과의 원활한 의사소통이다. 이는 한국어 학습자뿐만 아니라 다른 외국어를 배우는 학습자들도 마찬가지일 거라고 생각한다. 의사소통 중심 교수법이 아직 수많은 교실 수업의 기반이 되고 있듯이, 한국어 교육에서도 학습자들의 말하기 실력 향상에 대한 관심은 여전히 높은 편이다.

챗봇은 이러한 시대의 흐름에 적합한 학습 도구라고 할 수 있다. 챗봇은 시간과 공간의 제약을 받지 않는 학습 도구이며 학습자들이 자신이 학습한 어휘와 문법을 사용하여 실제성 높은 대화 연습을 가능하게 한다. 이러한 대화 연습은 앞에서 언급했다시피 언어 습득으로 이어질 수 있으므로 매우 효율적인 말하기 학습 도구라고 볼 수 있다. 변화의 흐름에 맞춰 한국어 말하기 연습용 챗봇을 잘 개발해 나간다면 한국어 교육 저변 확대에 기여할 수 있을 것이다.

참고문헌

강현화 외(2023). 《한국어 교육학 어디까지 왔나》. 한국문화사.

서지혜

연세대학교 언어연구교육원 한국어학당 강사(2013~), 연세대학교 글로벌인재학부 한국언어문화교육학과 강사(2023~)로 재직 중이다. 이화여자대학교 국어국문학과에서 학사 학위를 받고 연세대학교 국어국문학과에서 외국어로서 한국어교육학 석사 학위와 박사 학위를 취득했다. "시나리오를 기반으로 한 초급 한국어 말하기 연습용 챗봇 설계 방안 연구"(2021), "한국어 말하기 연습 도구로서의 챗봇 빌더의 적합성 검증 연구"(2023)를 한국문화융합학회지에 게재했으며, "초급 한국어 말하기 연습 도구로서의 챗봇 분석 연구: 세종학당 AI 선생님을 중심으로"(2025)를 국제차세대융합기술학회지에 게재했다.